ÉDITORIAL

Un château de sable, patiemment bâti, détruit sans un regard, en quelques secondes. Pour un enfant, ce ratissage a le goût de l'injustice et de l'incompréhension. Des sentiments que connaissent trop bien ceux qu'un destin chaotique fait atterrir à l'Aide sociale à l'enfance. Maltraités dans leurs familles, ces mineurs se retrouvent mal pris en charge, voire pas du tout, par des encadrants eux-mêmes essorés et déconsidérés, au sein d'une institution historique qui prend l'eau de toutes parts.

Quand ceux qui détiennent l'autorité font ainsi défaut, comment ne pas perdre ses illusions ? Souvent très motivées lorsqu'elles s'engagent, de nombreuses recrues de l'armée déchantent une fois dans les rangs. Rebutées par les brimades et les humiliations que leur font parfois subir des plus gradés, des centaines d'entre elles choisissent ainsi de déserter chaque année. Une décision qui les mène immanquablement devant la justice militaire, même en temps de paix.

C'est une logique verticale tout aussi rigide qui fait aujourd'hui toucher ses limites au système de l'aide alimentaire. Mis en place à la hâte il y a quarante ans pour répondre à une urgence, autour d'associations comme les Restos du cœur, ce dispositif se fissure face à la montée de la précarité alimentaire. Cinq millions de Français, lassés de faire l'aumône pour des produits périmés ou invendus, attendent toujours une vraie réponse politique.

Car quand tout s'écroule, il ne reste plus qu'à reconstruire. C'est ce que tentent les multiples initiatives qui visent à planter des arbres pour compenser la disparition des écosystèmes, mais leurs solutions sont forcément imparfaites. Alors à quoi bon détruire les châteaux de sable ? Qui sait, la marée ne les atteindra peut-être pas tout de suite.

SOMMAIRE

À LA UNE

CHRONIQUES

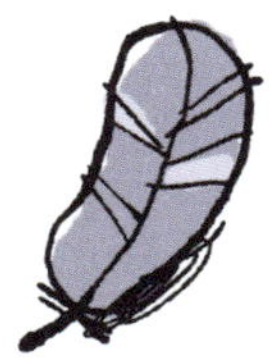

enquêtes

UN CHAMP D'HONNEURS

***Champs de bataille* est un passionnant travail de journaliste. Les mots me manquent tant je suis abasourdi par autant d'intelligence, de pertinence politique et de talent. Je l'ai offert à cinq personnes qui sont aussi enthousiastes que moi. Et ce n'est sans doute pas fini. Claude**

Bonjour la rédaction, j'ai eu pour Noël et pour mon anniversaire *Algues vertes, l'histoire interdite, Champs de bataille* et *Vertige, dix ans d'enquêtes sur la crise écologique et climatique,* que j'avais demandés pour m'informer plus en profondeur sur les thèmes de société. Je n'habite plus en France, mais je m'inquiète assez pour le futur, surtout pour ma mère… J'ai hâte de vous lire dans d'autres enquêtes et d'apprendre, je compte bien utiliser vos livres pour des débats en classe de français là où j'habite, à Huelva en Espagne. J'espère que vous continuerez longtemps. Claire

Merci, Claude et Claire, pour vos retours si enthousiastes à la lecture de *Champs de bataille* et de nos autres albums d'enquête. Ils corroborent le succès épatant de ce nouvel album d'Inès Léraud et Pierre Van Hove, sorti mi-novembre et qui frise déjà les 100 000 exemplaires vendus… Un triomphe qui rappelle bien sûr celui de leur opus précédent, *Algues vertes, l'histoire interdite*, et confirme toute la pertinence de l'enquête journalistique en bande dessinée. Nous continuerons donc longtemps, Claire, soyez-en sûre !

PAS EMBALLÉ

Quel dommage d'expédier *La Revue Dessinée* dans du plastique, épais et solide et probablement difficilement recyclable, même si on le jette dans la poubelle jaune. N'y aurait-il pas une alternative plus « verte » ? Je reçois d'autres revues emballées dans du papier épais… Un fidèle lecteur. Patrick

Cher Patrick, vous évoquez là l'emballage dans lequel la revue est envoyée à ses abonnés. Vous avez raison de souligner que ce n'est pas l'option la plus vertueuse possible, ce dont nous avons conscience. Les solutions peuvent être, tant d'un point de vue financier que logistique, plus compliquées à mettre en place, mais sachez que nous réfléchissons à une évolution de cet emballage, afin de réduire, si possible, notre impact écologique.

Le vert à moitié plein

DESSINS : AURORE PETIT

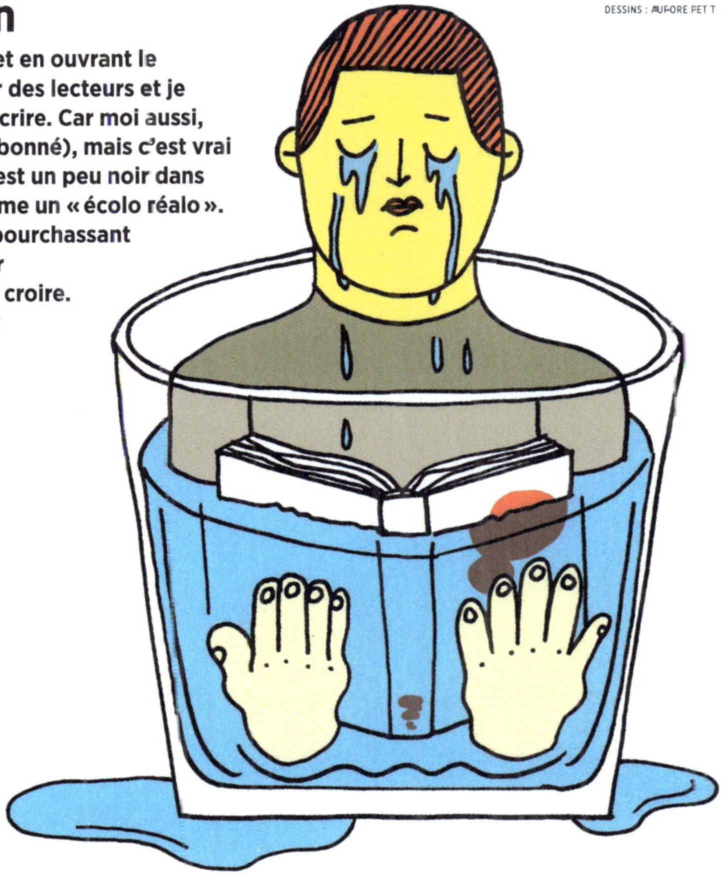

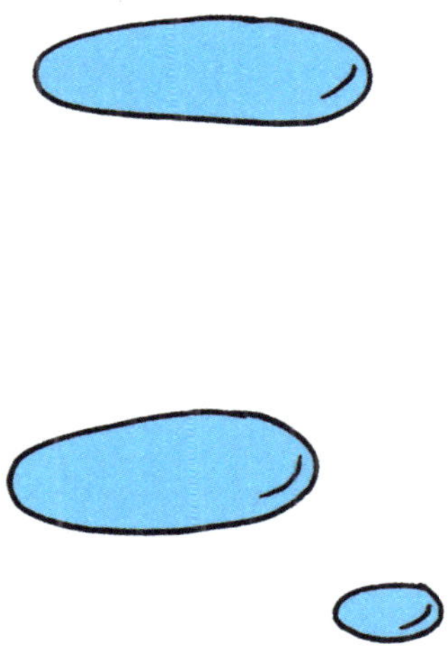

Je suis abonné à *La Revue Dessinée* et en ouvrant le numéro #47, je lis le premier courrier des lecteurs et je me dis que c'est l'occasion de vous écrire. Car moi aussi, j'adore *La Revue* (la preuve, je suis abonné), mais c'est vrai que quand on termine un numéro, c'est un peu noir dans la tête. Je suis élu, je me définis comme un « écolo réalo ». Je fais un peu « méthode Coué » en pourchassant tout ce qui est concret et positif pour l'écologie... histoire de continuer d'y croire. Est-ce qu'il ne vous dirait pas d'avoir une petite rubrique positive, « verre à moitié plein » ? Je suis persuadé que ça donnerait une petite bouffée d'espoir à vos lecteurs.
Yann

Cher Yann, sachez que votre sentiment, à la lecture de *La Revue Dessinée*, est partagé par d'autres lecteurs et lectrices, qui nous en font parfois part par courrier (voir « Au pied de la lettre » du numéro #42) ou bien lorsque nous les croisons à l'occasion d'un salon ou d'un festival. Même s'il n'est pas question pour nous de changer de ligne éditoriale, d'autant qu'elle inclut aussi des sujets positifs ou pourvoyeurs de solutions, nous avons en tête cette problématique, particulièrement sur la question écologique. L'idée d'une chronique « écolo-positive », que vous évoquez, est ainsi dans nos cartons depuis un petit moment et devrait déboucher d'ici quelques numéros. On espère qu'elle vous plaira !

Agenda

7 au 9 juin 2025
Saint-Malo (35)
Retrouvez-nous au festival **Étonnants voyageurs** afin de vous faire dédicacer *Champs de bataille* et de découvrir sur notre stand nos dernières sorties ainsi que nos albums incontournables.

Pour nous suivre et nous contacter
contact@larevuedessinee.fr
larevuedessinee.fr

ÉCOLOGIE

SÈVE QUI PEUT

Planter pour ne rien changer : telle pourrait être la devise des pétroliers, compagnies aériennes et autres gros pollueurs qui financent des projets de reforestation en espérant compenser leurs affolantes émissions de CO_2. Même le climatosceptique Donald Trump avait signé en 2020 le plan « Mille milliards d'arbres » du Forum économique mondial. De quoi ulcérer Greenpeace qui, dans un rapport, s'indignait de ce *« treewashing »*. Car si l'arbre est bel et bien un acteur clé des écosystèmes, recréer des forêts vertueuses ne peut s'inscrire que dans le temps long. Et peut-être faut-il pour cela laisser faire la nature...

CHLOÉ GLAD **SILKI**

CETTE ENQUÊTE A ÉTÉ RÉALISÉE AVEC LE SOUTIEN DU JOURNALISMFUND EUROPE

Élisabeth Guillabert, 51 ans, est fonctionnaire de l'Éducation nationale.
En 2022, elle a porté un projet de microforêt avec l'association 7 notre quartier. Une plantation de 1200 arbres selon la méthode dite « Miyawaki ».
Le principe : une vingtaine d'essences d'arbres locales, plantées très serré, sur un petit terrain.

400 mètres carrés sont désormais boisés devant l'école publique.
Je me suis dit : qu'est-ce qu'on peut faire pour aller contre cette dégradation de la biodiversité ?
Contre toutes ces forêts qui brûlent ?
Ici, on va apporter un peu de fraîcheur. On attire des oiseaux, des insectes, la pollinisation va pouvoir se faire.

La biodiversité, c'était le but premier.
Mais l'association œuvre aussi pour le « bien vivre ensemble »,
donc c'était très important qu'on plante avec les enfants et avec tous les riverains.
On veut se dire qu'on a fait quelque chose pour notre ville.
On espère que c'est une bonne idée. On y croit très fort.
Face aux crises environnementale et climatique, planter des arbres s'est imposé depuis quelques années comme une réponse simple et accessible.
« Reconquête végétale »
« Aidez l'environnement, plantez des arbres ! »
« Devenez acteurs du changement. »
« Nature en ville »
« Le plan arbre : tous mobilisés ! »

70 000 arbres mis en terre à Toulouse depuis 2020.
JOLIMONT
170 000 dans le Finistère depuis 2021.
UN FINISTÈRE #DURABLE
PLANTE-TON-ARBRE.BZH
113 000 à Paris depuis 2020.
35 dans le 6e... 8 040 dans le 20e...
600 nouveaux arbres le long d'une promenade à Nice.
50 arbres fruitiers plantés en 2024 entre la piscine et la voie express à Lorient.
Une « forêt climat » sur un ancien terrain militaire à Metz.
L'arbre est un allié précieux dans ce combat.
Normal, il est sur tous les fronts : refuge, cantine, pompe à carbone, accumulateur d'eau, filtre antipollution, climatiseur, parasol, source d'espoirs.

* « Trois milliards d'arbres », objectif à atteindre d'ici à 2030.

* D'après le compte Instagram L'avion de Bernard. Lire à ce sujet la chronique « Retour sur » en page 48 de ce numéro.

Côté biodiversité, une plantation n'aura pas les mêmes effets si elle est créée en ville,
Eh beh, ce n'est pas trop tôt !
le long d'une voirie,
ou encore entre deux bouts de forêts, tel un trait d'union végétal.
Ce « corridor écologique » permet notamment aux animaux de circuler plus librement. Cela augmente leurs chances de trouver de la nourriture, ou un partenaire pour la reproduction.

* Lire à ce sujet la chronique «La condition urbaine» en page 92 de ce numéro.

Depuis 1989, les oiseaux spécialistes des milieux agricoles ont vu leurs effectifs diminuer de 44 %.
ENTRE 2001 ET 2019 : BRUANT JAUNE -54 %
TARIER DES PRÉS -60 %
Côté forêts, le nombre d'oiseaux spécialistes a diminué de 5 %.
BOUVREUIL PIVOINE -33 %
ROUGE-GORGE -9 %
Les populations de généralistes ont quant à elles augmenté de 17 %.
+100 %
LE PIGEON RAMIER A MÊME DOUBLÉ SES EFFECTIFS EN VINGT ANS.
Les impacts d'une plantation dépendent aussi du design en amont.
Des haies sur plusieurs rangs, en strates, créeront un milieu plus riche qu'une haie sur un seul rang.
La gestion en aval est également déterminante.
Hop, comme ça, on est tranquille pour un bout de temps !

De plus, un arbre ne remplit pas le même rôle tout au long de sa vie.
Un arbre de 100 ans n'équivaut pas à dix arbres de 10 ans.
Aujourd'hui, les politiques publiques et les médias ont tendance à présenter ces plantations sous un angle uniquement quantitatif...
« 22 ESSENCES D'ARBRES PLANTÉES »
« 4000 M² DE FORÊT »
« 30 FOIS PLUS DE BIODIVERSITÉ »
... mettant de côté ces nuances et ces dynamiques...
... au risque d'invisibiliser des pratiques néfastes pour le climat et la biodiversité.
Fin 2021, 87 % des projets financés par France Relance impliquaient des coupes rases.
Bruno Doucet, chargé de campagne forêts françaises auprès de l'association Canopée
CANOPÉE

La popularité des plantations repose sur une représentation fantasmée de l'arbre.
L'arbre est un élément naturel, donc forcément positif. Plus on plante, mieux c'est.
Mais mettre des arbres quelque part ne veut pas forcément dire améliorer la biodiversité.
L'arbre, évidemment essentiel, est un maillon dans un vaste réseau d'interactions.
La biodiversité est un phénomène complexe, qui est très présent dans les discours publics.
Cela conduit à des simplifications : on associe par exemple le simple nombre d'espèces d'arbres à de la biodiversité.
Sydney Vennin, chargée de campagne forêts et politiques européennes chez l'ONG Fern

Se fier au nombre d'arbres plantés n'est pas pertinent. Il faut plutôt regarder les indicateurs de biodiversité et de stockage du carbone.
C'est en associant ensemble plusieurs indicateurs que l'état de santé d'un milieu peut commencer à se dessiner.
INDICATEURS DE BIODIVERSITÉ EN FORÊT
LE BOIS MORT (SUR PIED ET AU SOL)
LA CONNECTIVITÉ DES FORÊTS ENTRE ELLES
L'ABONDANCE D'OISEAUX FORESTIERS
LE NOMBRE D'ESSENCES D'ARBRES
La pérennité des arbres est aussi cruciale pour espérer des bénéfices sur le long terme.
Or elle n'est pas forcément assurée dans les projets de plantation.
La campagne européenne Three Billion Trees exige par exemple que les arbres restent en terre « plusieurs décennies ».
C'est vague.
Et c'est peu.

En Europe tempérée, une forêt peut atteindre sa maturité entre 50 et 100 ans.
Elle peut aussi mettre plus de temps : au-delà de 250 ans.
Cela dépend du climat, des essences, ou encore du passif de la zone.
Dans les milieux fortement anthropisés, marqués par un sol peu organique, une forêt mettrait ainsi beaucoup plus de temps pour y arriver.
En parallèle, l'Union européenne n'interdit pas de comptabiliser des arbres voués à l'exploitation dans Three Billion Trees.
Si l'interdiction figurait au départ dans la législation, elle a ensuite été retirée de la version finale.

L'Europe ne prévoit pas non plus de contrôler les plantations.
Les planteurs doivent simplement signer une déclaration sur l'honneur.
Trois pages, annexes comprises.
Au final, cette campagne européenne range dans le même sac des projets sylvicoles contestés, des plantations urbaines citoyennes et des projets d'agroforesterie.
Un seul et même chiffre, pour des arbres très différents.
x 22,679,643
Cela nourrit, encore une fois, la confusion.
Certains planteurs sont néanmoins plus sensibles que d'autres à la question de la permanence des arbres.

La start-up française Treeseve a ainsi signé des contrats en ce sens avec une quinzaine de mairies partenaires.
Baptisés « Obligations réelles environnementales », ou ORE, ils engagent les municipalités à maintenir les arbres en place pendant quatre-vingt-dix-neuf ans.
Mais en 2023, Treeseve est mise en liquidation judiciaire.
Les contrats ORE sont désormais caducs.
La longévité des plantations dépend à nouveau du bon vouloir des élus.
Si les arbres restent en vie...
À Jolimont, la jeune plantation a déjà subi plusieurs sécheresses. Elle a dû être arrosée plus que prévu pour limiter les pertes.
Deux heures par-là...
Quatre heures par-ci...
Élisabeth Guillabert
L'impact du changement climatique est l'une des grandes inconnues de ces projets.

Canohès, dans les Pyrénées-Orientales, juin 2024
Depuis 2022, le département subit une sécheresse inédite.
Les nappes phréatiques sont sous tension. Les restrictions d'eau sont désormais constantes.

Les arbres ont soif.
Nous, on est en train de faire le virage.
Pablo Badin, agronome et chargé de projet de l'association Arbre et Paysage 66
L'association accompagne depuis 2019 les agriculteurs et les municipalités dans leur projet «arbre» ou «haie».
Depuis peu, elle tente une nouvelle approche.
On propose aux communes un pack.
C'est tout ou rien.
Un peu de plantations, de l'ordre de 200 mètres linéaires, et 2,5 kilomètres de régénération naturelle.

La régénération naturelle consiste à donner du temps et de l'espace aux végétaux et à la faune.
C'est permettre aux dynamiques naturelles de se déployer à leur rythme, aux écosystèmes de se reconstituer sans intervention humaine ou presque.
La ronce est le berceau du chêne.
Il s'agit de « laisser faire ».
C'est ce qu'il se passe sur ce bout de terre.
C'est la sécheresse qui nous a orientés vers cette solution. Au début, on faisait comme les autres, on plantait.
Mais la régénération naturelle dans notre situation, c'est l'avenir.

Une plantation «classique» mobilise des ressources non négligeables.
Des bras pour planter
Des machines et de l'énergie
Évidemment, des arbres
SORBIER DES OISEAUX
SORBUS AUCUPARIA
€€
AUBÉPINE
CRATAEGUS MONOGYNA
€
NÉFLIER
MESPILUS GERMANICA
€€€€

*Agence de la transition écologique.

Autre intérêt : un projet de régénération naturelle
peut démarrer à n'importe quel moment de l'année.
Tandis qu'une plantation d'arbres s'organise obligatoirement durant les mois les plus froids.
Une fenêtre qui se restreint d'ailleurs de plus en plus à cause du changement climatique.
Avant, on pouvait planter jusqu'à mars. Mais maintenant, on arrête fin janvier maximum.
La régénération naturelle se heurte néanmoins à des critiques.
La nature est trop abîmée !
Rien ne va repousser ici.
Ça va prendre beaucoup trop de temps !
Et des craintes.
Les broussailles, là, c'est une bonne idée avec le risque incendie ?
Cette approche moins interventionniste demande un changement des mentalités.

Côté municipalités...
Notre plus gros ennemi, c'est la débroussailleuse.
... mais aussi côté citoyens.
C'est moche.
Ce n'est pas soigné.
En Région Occitanie, sur les 7612 projets du Plan Arbre réalisés entre 2019 et 2023, seulement 73 sont étiquetés « régénération naturelle ».
À l'échelle européenne, la méthode concerne 2 % des initiatives listées dans Three Billion Trees.
Ce qui est non fait n'est pas vendeur. C'est bête, hein ? Alors que c'est le moins cher et le plus facile à mettre en œuvre.
Ce sur quoi on bute, c'est le clinquant.
C'est le vouloir-faire.

La régénération naturelle pourrait justement être l'occasion de réapprendre le temps long.
De renouer avec cette patience qu'exige le vivant.
De questionner notre relation au monde naturel.
Faut-il pour autant arrêter de planter ?
Dans certains cas, cela reste nécessaire.
Sous un grand soleil de mai, Nicolas de Brabandère, le planteur Miyawaki, a par exemple mesuré des différences de température de 7°C entre ses arbres et la pelouse d'à côté.
19°C
45°C
26°C
26°C
Remettre des arbres est ainsi pertinent pour essayer de faire baisser localement les températures.

Ici aussi, les effets peuvent varier d'un projet à l'autre.
Selon la densité du feuillage, le revêtement du sol, ou encore le bâti alentour, le rafraîchissement ne sera pas le même.
-1°C
-3°C
Un rapport de l'Agence européenne pour l'environnement rappelle néanmoins que la végétalisation doit être combinée avec d'autres mesures d'adaptation.
Peindre les surfaces en blanc
Améliorer la climatisation passive des bâtiments
Installer des ombrages
Récupérer les eaux de pluie
En bref, les arbres seuls ne peuvent pas accomplir de miracles.
9 décembre 2023
COP28, Dubaï
COP28 UAE
Thomas Crowther, écologue à l'ETH Zurich, entame sa présentation devant un parterre d'experts et d'officiels.
Au cours de millions d'années d'évolution,
nous avons été dépendants de ces écosystèmes magiques.

Le charismatique scientifique s'est fait connaître après une recherche publiée dans la revue « Science », en 2019.
Il y affirmait, à l'époque :
La restauration des arbres est notre solution la plus efficace face au changement climatique.
L'article estimait que les deux-tiers du carbone présent dans l'atmosphère pourraient être absorbés par ces arbres restaurés.
La bonne nouvelle a fait le tour du monde.
Plus de sept cents publications dans les médias d'une centaine de pays.
Les communicants embauchés par Thomas Crowther et ses collègues se sont montrés efficaces.

Mais rapidement, l'amalgame a été fait entre « restauration » et « plantation ».
« COMMENT EFFACER CENT ANS D'ÉMISSIONS CARBONE ? PLANTEZ DES ARBRES – BEAUCOUP » NATIONAL GEOGRAPHIC
« LA MEILLEURE FAÇON DE COMBATTRE LE CHANGEMENT CLIMATIQUE ? EN PLANTANT MILLE MILLIARDS D'ARBRES » ASSOCIATED PRESS
« PLANTER DES ARBRES : LA MEILLEURE SOLUTION AU RÉCHAUFFEMENT CLIMATIQUE SELON UN CHERCHEUR » LES INROCKUPTIBLES
L'article a été lourdement critiqué.
Tant sur certains aspects méthodologiques...
... que sur la promotion des plantations à tout-va, qu'une partie du monde scientifique l'accuse d'avoir légitimées.
Thomas Crowther et ses collègues ont finalement publié un erratum.
« La restauration des arbres est notre solution la plus efficace face au changement climatique. »
« La restauration des arbres est l'une des solutions les plus efficaces pour absorber le carbone. »

À la COP28, quatre ans après la controverse, l'écologue a changé de discours.
Il y a des malentendus concernant les plantations massives d'arbres.
Celles-ci peuvent vraiment être dommageables lorsqu'elles sont invoquées comme excuse pour éviter de baisser ses émissions.
Désormais, il insiste sur l'urgence à protéger en amont…
La conservation des forêts existantes est notre outil le plus puissant pour absorber le carbone.
Le rétablissement d'écosystèmes diversifiés dégradés peut aussi contribuer à cette réduction.
… sans oublier l'essentiel :
Mais nous ne pouvons pas réussir sans réduire les émissions carbone.
Il n'y a pas de choix à faire entre réduire les émissions et la nature,
car nous avons catégoriquement besoin des deux.
Ces propos font écho aux conclusions du Giec.

Déboiser une forêt, construire sur une prairie, transformer une tourbière en forêt pour produire du bois : autant d'exemples de «conversion d'écosystèmes». Réduire ces conversions, expliquait le Giec dans son dernier rapport, pourrait plus largement contribuer à la réduction des émissions mondiales de gaz à effet de serre...
... que boiser, reboiser, et restaurer les écosystèmes.
Oui, les trois à la fois.

Protéger les forêts anciennes, permettre la régénération naturelle, abandonner les pratiques forestières basées sur les coupes rases et les plantations…
Sydney Vennin
Pour la biodiversité aussi, ces mesures sont bien plus impactantes.
Tout cela se résume à la priorisation. Qu'est-ce qui est prioritaire pour une zone donnée ?
Brian MacSharry, responsable Biodiversité à l'Agence européenne pour l'environnement
Planter 100 arbres dans un terrain abandonné, ou le restaurer en zone humide ?

* Moyennes annuelles pour la période 2017-2021 en France.

La science est claire, je pense.
Ensuite, ça devient politique.
Brian MacSharry
Devant une plantation, il est pertinent de s'interroger :
Qui plante ? Avec quels objectifs ? Sont-ils réalistes dans ce contexte précis ? Qui en bénéficiera le plus ?
C'est parce que le temps presse et que les ressources sont limitées…
Je souhaiterais acheter 600 arbres pour ma plantation.
Je n'en ai plus, revenez l'année prochaine.
… qu'il est urgent de bien comprendre pourquoi on plante.
Ce que ces arbres peuvent accomplir…
Attendez. Je vais creuser pour vous, madame.

Dans quelques années, ce petit frêne sera aussi haut que la maison !
Waaaaah !
Ce n'est pas juste un espace vert planté par la mairie.
Il y a vraiment un lien affectif dans toutes nos plantations.
Élisabeth Guillabert
... et ce qu'ils ne pourront jamais.

une volée de bois vert

Sur le terrain, toutes les plantations ne se valent pas. Objectifs flous, résultats invérifiables, suivi inexistant, méconnaissance écologique du site, greenwashing... De l'importance de creuser un peu, pour éviter de se planter.

« TRENTE FOIS PLUS » Les projets Miyawaki promettent une biodiversité accrue, jusqu'à *« trente fois plus »* qu'une monoculture. Des chercheurs de l'université Paul-Sabatier de Toulouse ont voulu vérifier en comparant des plantations Miyawaki à des parcelles adjacentes, laissées en libre évolution. Malgré trois ans de suivi, les scientifiques restent discrets, invoquant des données à affiner. Seule déclaration dans la presse locale : l'étude de la faune au sol n'indique *« aucune différence notable entre les parcelles Miyawaki et les parcelles témoins »*.

FORÊTS DE PLASTIQUE Début 2025, trois associations ont porté plainte contre l'Office national des forêts (ONF). Elles dénoncent une pollution plastique de plusieurs forêts en Île-de-France, où des bouts de grillage noir ont été retrouvés dans les sols. Ces plastiques sont normalement placés autour des jeunes arbres pour les protéger des chevreuils, et doivent être retirés après quelques années. L'ONF a reconnu des pratiques *« pas très vertueuses »*.

AU CHEVET DES TOURBIÈRES En Irlande, le gouvernement subventionne les plantations d'arbres sur tourbières, ces dernières étant pourtant d'excellents puits de carbone. Unique critère : la tourbe doit faire moins de trente centimètres d'épaisseur. Un raisonnement *« dépassé »*, dénonce l'ONG Friends of the Irish Environment, citant la recommandation de l'ONU de préserver ces zones humides dès dix centimètres de tourbe. Les tourbières stockent deux fois plus de carbone que tous les sols forestiers de la Terre. Mais, dégradées, elles libèrent des gaz à effet de serre.

L'ARBRE QUI CACHAIT L'INFRACTION En 2024, TotalEnergies publie son rapport *Sustainability and Climate*, dans lequel l'entreprise liste ses engagements pour la planète. Parmi eux, la création d'un corridor écologique à Feluy, en Belgique, sur son site de production de plastiques, pour *«élargir l'habitat de la faune locale»*. Sauf que cette *«action volontaire»* n'en est pas une. La plantation d'arbres a été ordonnée par les autorités wallonnes en 2023 à la suite d'une infraction de TotalEnergies : l'entreprise avait illégalement abattu des arbres.

PLUS DE MAL QUE DE BIEN ? Des chercheurs ont modélisé l'impact, sur 14 000 espèces de vertébrés, de l'afforestation, soit le fait de planter des arbres là où historiquement il n'y en avait pas. Leurs conclusions, publiées dans *Science* : si l'opération peut avoir un effet positif sur les espèces de façon indirecte, en créant des puits de carbone, *«ces bénéfices sont généralement petits»* devant les effets délétères de cette modification de leur habitat. Afforester doit se faire de manière informée, soulignent-ils, pour ne pas *«aggraver par inadvertance la crise de la biodiversité»*.

TEXTE CHLOÉ GLAD
DESSIN MALIJO

© LAHCÈNE ABIB/DIVERGENCE

À Bordeaux, 500 jeunes plants ont été installés en 2021 sur 180 m². La première microforêt de la ville doit permettre de créer un îlot de fraîcheur.

À LIRE

La Vie sociale des haies, de Léo Magnin. Jadis arrachées, aujourd'hui plébiscitées : le sociologue enquête sur le revirement des regards envers les haies agricoles, et en révèle les paradoxes.
Éd. La Découverte (2024).

À LIRE

La France des friches, de Annik Schnitzler et Jean-Claude Génot. Les écologues invitent à reconsidérer les friches et autres espaces délaissés, qui pourraient devenir forêts d'ici quelques générations.
Éd. Quæ (2012).

La revue des cinés

Lost Highway de David Lynch. Le titre est emprunté à l'écrivain Barry Gifford, le scénario n'est arrivé qu'après. Une œuvre jugée tantôt incohérente, tantôt envoûtante, comme souvent avec ce réalisateur hors normes, disparu début 2025.

NÉJIB

Eraserhead, Elephant Man, Dune, Twin Peaks: Fire Walk With Me, Sailor et Lula sont à chaque fois, pour moi, des expériences inoubliables.
LOST HIGHWAY
Lorsque *Lost Highway* arrive sur les écrans, Lynch traverse une période de déclin critique. On lui reproche notamment d'être incompréhensible.
En réalité, les films de Lynch ont toujours un sens. Un sens très simple car centré sur une seule idée.
L'idée de *Lost Highway* : Fred est confronté au désamour de Renée, la femme qu'il aime. Il refuse d'accepter cette réalité, ce qui le précipite dans un chaos mental profond.
Dick Laurent est mort.
La première scène du film montre Fred qui entend sonner à l'interphone. Il appuie sur le bouton *listen*. À partir de ce moment-là, le récit dessine une boucle qui va se refermer sur elle-même.

Lynch s'approprie l'imagerie du film noir, en reprenant ses conventions et ses clichés. Il convoque des fantômes du genre : Aldrich, Hitchcock ou Preminger. On y retrouve le mari trompé, la femme fatale, le chef mafieux, la-copine-du-mafieux-à-ne-pas-séduire, le jeune premier perdu ou encore le proxénète...
Lynch ne se contente pas d'un collage aléatoire d'éléments. Au contraire, il construit un dispositif précis, celui d'un ruban de Möbius. Sur chaque face de ce ruban se déploie la descente aux enfers de deux hommes, Fred et Pete.
Les deux femmes, quant à elles, ne seraient-elles que des projections mentales de ces hommes ? La femme fatale n'existe pas : elle n'est que l'excuse pitoyable de l'homme qui vit dans le déni.

* L'autoroute perdue.

L'homme au visage blafard est une figure récurrente dans les films de Lynch.
il incarne l'ordre symbolique. Il rétablit le réel par le langage.
Elle s'appelle Renée.
Il est le maître du son. il est le maître de l'image.
C'est lui qui ramène Fred à la réalité en nommant les choses telles qu'elles sont…
Si elle te dit qu'elle s'appelle Alice, elle ment.
Et toi ?
Quel est ton putain de nom ?

Fred a enfin entendu la vérité : il est un assassin. Il a tué sa femme parce qu'elle ne l'aimait plus. Dick Laurent, l'amant présumé, est assassiné à son tour.
Puis l'homme mystère glisse un mot à l'oreille de Fred.
Dick Laurent est mort.
Ce dernier se précipite chez lui annoncer son forfait à lui-même.
Dick Laurent est mort.
La voix de l'interphone que Fred a entendue au début du récit était la sienne.
Le son, chez Lynch, c'est la tragédie qui circule entre les êtres. L'oreille en est la porte d'entrée. Poursuivi par la police, Fred s'engage sur la *Lost Highway*, condamné à errer à jamais dans une boucle infinie.

RETOUR SUR

Le jet de Bernard. Accro aux avions privés, l'homme le plus riche de France est pisté depuis 2022 par deux curieux qui enquêtent à partir de données publiques, suivis par des milliers d'internautes. Si on ne peut plus polluer tranquille…

MATHIEU MARTINIÈRE JEAN-CHRISTOPHE MAZURIE

CETTE ENQUÊTE A ÉTÉ RÉALISÉE AVEC LE SOUTIEN DU JOURNALISMFUND EUROPE

L'avion de Bernard, à la base, c'est juste une curiosité un peu geek.
On n'était pas plus engagés que ça, on faisait juste les manifs pour le climat.
PAS de PLANÈTE B
STOP
GLOBAL WARMING
On a entendu parler de l'étudiant qui suivait le jet d'Elon Musk.
Et toujours cette sensation d'être observé.
On s'est dit qu'on pouvait suivre des personnes en France.
C'est un super moyen de montrer l'empreinte carbone.
Et on a choisi Bernard Arnault parce que c'était le plus riche.
1
CO2
CO2
CO2
Les gens voient que Bernard Arnault se déplace là ou là.
C'est hyper visuel.
On n'avait aucune relation avec des médias, ce n'est pas notre monde. On voulait que nos recherches soient disponibles pour n'importe qui.
Instagram, c'était notre seul moyen de partage.

Ce qui fait qu'on peut reconstituer les trajets.

Toutes ces informations sont rassemblées sur des sites comme OpenSky Network ou ADS-B Exchange.

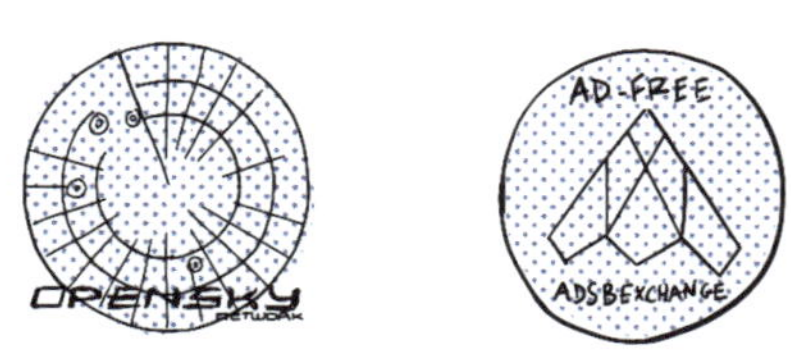

Ce sont des bases de données publiques accessibles sur Internet.

*Les prénoms ont été modifiés.

On peut chercher un avion, regarder les vols qu'il a faits.
CO_2
À partir de là, on calcule la durée de vol et les émissions de CO_2.
Dans le registre français de l'aviation civile, on a trouvé l'immatriculation de l'avion de LVMH.
C'était hyper facile.
Sur Instagram, on faisait les récaps mensuels de l'empreinte carbone de « L'avion de Bernard ».
mai 2022
18 vols
~ 46 heures
~ 176 t CO_2
Ce qui m'a marqué, ce sont les vols en jet vers son île privée aux Bahamas pour y passer Noël.
Avion de Bernard
Nuage de Bernard
Ciel de Bernard
Palmiers de Bernard
Île de Bernard
Mer de Bernard
On voulait aussi changer la culture populaire. J'ai grandi en regardant la série « Gossip Girl ». Ce sont des enfants de milliardaires qui vivent à Manhattan et qui sont super contents de prendre le jet et l'hélicoptère tout le temps.
Je descends les épluchures au compost.

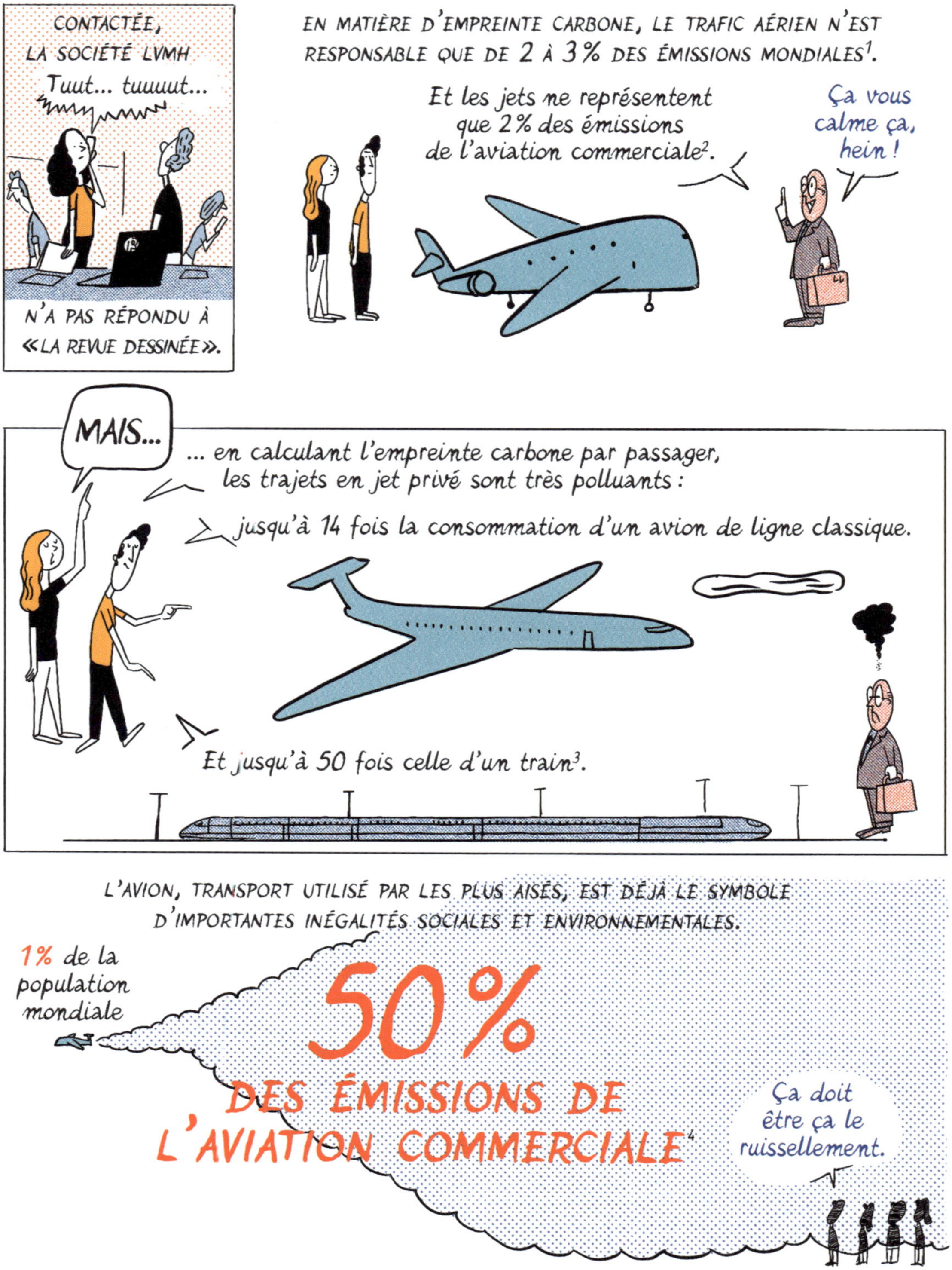

1. « THE CONTRIBUTION OF GLOBAL AVIATION TO ANTHROPOGENIC CLIMATE FORCING FOR 2000 TO 2018 », ATMOSPHERIC ENVIRONMENT, 2021. 2. « PRIVATE AVIATION IS MAKING A GROWING CONTRIBUTION TO CLIMATE CHANGE », COMMUNICATIONS EARTH & ENVIRONMENT, 2004. 3. RAPPORT DE LA FÉDÉRATION D'ONG TRANSPORT & ENVIRONMENT, 2021. 4. « THE GLOBAL SCALE, DISTRIBUTION AND GROWTH OF AVIATION: IMPLICATIONS FOR CLIMATE CHANGE », GLOBAL ENVIRONMENTAL CHANGE, 2020.

LES JETS PRIVÉS, PRISÉS PAR LES ULTRA-RICHES, SONT QUANT À EUX LE SYMBOLE DE TOUS LES EXCÈS.

CETTE IMPUNITÉ EST DÉNONCÉE DIRECTEMENT SUR LES TARMACS DES AÉROPORTS PAR DES COLLECTIFS ÉCOLOGISTES, COMME EXTINCTION REBELLION.

Janvier 2022, aéroport du Bourget

Juin 2022, aéroport de Lyon-Bron

Mai 2023, Salon de l'aviation d'affaires Ebace, Genève

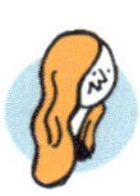

À la fin du mois de mai 2022, notre compte Instagram prend vraiment de l'ampleur.

Les journalistes commencent à nous contacter.

Le 4 juin, 11 000 followers.

Le 14 juin, 50 000 followers.

On leur répond par écrit, par mail ou sur les réseaux, en rentrant du travail.

*Interviewée par le média Novethic, le 29 janvier 2024.

Le ministre des Transports Clément Beaune nous a aussi invités à le rencontrer.
Ils refusent l'invitation.
Ils disent que vous venez d'écarter de vraies mesures de régulation.
On a eu l'énorme déception de n'avoir aucune réaction de la part de la famille Arnault.
Rien...
Nada !
PAS DE PLANÈTE B
On est sûrs pourtant qu'ils sont allés voir notre compte : un des fils a fait une demande de « follow », puis l'a retirée.
C'est vraiment la faute à ne pas faire !
NooooOOoooOOoooOOOON !!
Suivre
Contacter
frederic.arnault a commencé à vous suivre
Suivre
Puis l'avion a arrêté de voler.
Début juin, le jet va en Angleterre.
Il fait quelques allers-retours là-bas et il ne vole plus.
Il fait juste un vol en juillet à Londres.
Et nous, on est bien embêtés.
On n'a plus personne à suivre !

TROIS MOIS PLUS TARD, BERNARD ARNAULT ANNONCE LA VENTE DE SON AVION. MAIS A-T-IL VRAIMENT ARRÊTÉ D'UTILISER SON JET PRIVÉ ?
Je ne le trouve pas sur Leboncoin, patron.
Sur Vinted, peut-être ?
EN JUIN 2022, LE JOURNAL « LE BIEN PUBLIC » RÉVÈLE QUE BERNARD ARNAULT A DÉCOLLÉ EN JET PRIVÉ DE DIJON.
Ça alors ! Figurez-vous qu'il y a une gare ferroviaire à Dijon.
OR, ÇA FAIT QUELQUES JOURS QUE L'AVION DE LVMH NE VOLE PLUS.
Je suis au vert.
Dans tous les sens du terme.
On trouve vite l'immatriculation de ce nouvel avion. C'est un Airbus et c'est le plus gros qui a décollé de Dijon ce jour-là.
Crâneur !
Il est immatriculé en Allemagne dans une société de location.
Quelques semaines plus tard, on constate que l'avion de Bernard est, lui, radié du registre français, puis qu'il a changé d'immatriculation.
Pssst... Nouveaux papiers pour une nouvelle identité.

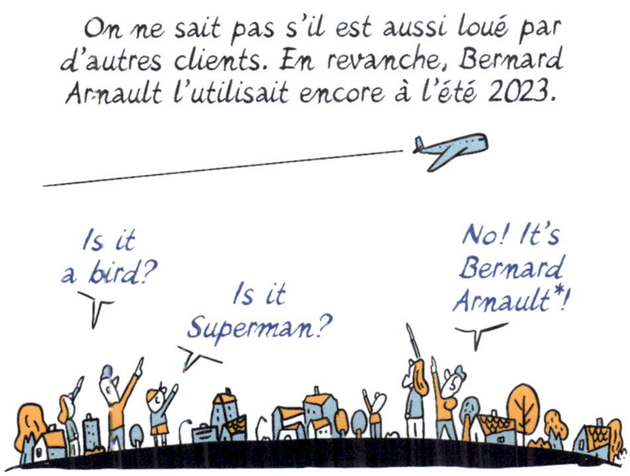

* « Est-ce un oiseau ? Est-ce Superman ? Non, c'est Bernard Arnault ! »

EN FRANCE, L'AVIATION D'AFFAIRES POSSÈDE DES RELAIS PUISSANTS. EN AVRIL 2023 À L'ASSEMBLÉE NATIONALE, PENDANT LE DÉBAT SUR LA PROPOSITION DE LOI SUR L'INTERDICTION DES JETS PRIVÉS PORTÉE PAR LES ÉCOLOGISTES, PLUSIEURS DÉPUTÉS ONT RÉCITÉ DES ÉLÉMENTS DE LANGAGE DES LOBBIES DE L'AVIATION. CE QUE RÉVÈLE LE COMPTE L'AVION DE BERNARD.

Une année de fonctionnement de l'ensemble de la flotte de Falcon en service dans le monde équivaut à vingt-quatre heures de flux mondial de streaming vidéo, à cinq heures du trafic mondial de camions, et à deux jours et demi de fonctionnement des centrales thermiques allemandes.

DAVID TAUPIAC, DÉPUTÉ LIOT DU GERS ET INGÉNIEUR AÉRONAUTIQUE, 6 AVRIL 2023

* Dans une interview accordée à l'auteur de cette enquête en mai 2024.

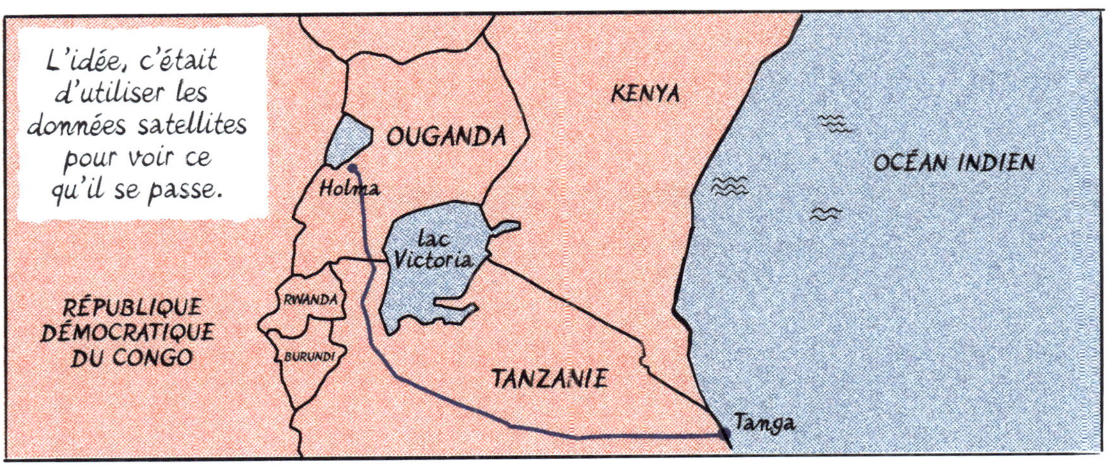

EN JUILLET 2024, AVEC LE COLLECTIF DE JOURNALISTES WE REPORT, MÉMOIRE VIVE RÉVÈLE SUR LE SITE MEDIAPART L'EMPREINTE CARBONE DE CINQUANTE JETS PRIVÉS FRANÇAIS UTILISÉS PAR DE RICHES HOMMES D'AFFAIRES OU DE GRANDES ENTREPRISES.

MEDIAPART

Climat : les trajets délirants des jets des millionnaires

LES AVIONS D'AFFAIRES D'AXA, TOTAL ET ARTÉMIS, LA HOLDING DE LA FAMILLE PINAULT, ONT CHACUN CONSOMMÉ EN UN AN L'ÉQUIVALENT DE QUATRE SIÈCLES D'EMPREINTE CARBONE D'UN FRANÇAIS MOYEN, SELON UNE ENQUÊTE DE MEDIAPART ET DE MÉMOIRE VIVE. AU TOTAL, CINQUANTE JETS PRIVÉS FRANÇAIS ONT FAIT 270 FOIS LE TOUR DE LA TERRE ENTRE 2023 ET 2024.

1. « PRIVATE AVIATION IS MAKING A GROWING CONTRIBUTION TO CLIMATE CHANGE », STEFAN GÖSSLING, ANDREAS HUMPE ET JORGE CARDOSO LEITÃO, *COMMUNICATIONS EARTH & ENVIRONMENT*, 2024.

Jean-Marie Le Pen

Le poignard d'Algérie

Florence Beaugé · Aurel

« Chaque année, en France, on commémore ce qui s'est passé à Oradour-sur-Glane, c'est-à-dire le massacre de tout un village. Mais on en a fait des centaines, nous, en Algérie. Est-ce qu'on en a conscience ? » En dressant, le 25 février 2025, un parallèle entre les crimes de l'armée française lors de la colonisation de l'Algérie, au XIXe siècle, et les exactions commises en 1944 par la Waffen SS, Jean-Michel Aphatie aurait pu crever l'abcès qui empoisonne les relations franco-algériennes. En lieu et place d'un débat national, le journaliste de RTL a écopé d'une suspension d'antenne et de plusieurs signalements à l'Arcom, le « gendarme » de l'audiovisuel. Comme si dire l'ampleur et l'intensité des violences perpétrées par la France au cours de son passé colonial relevait toujours de l'interdit. Alors même que les dossiers du Sahara occidental ou des expulsions de ressortissants algériens ont tendu ces derniers mois les relations entre les deux pays, leur histoire douloureuse semble une nouvelle fois mise sous le tapis, jusqu'au plus haut niveau.

Des voix s'élèvent, un nom émerge

Ce n'est pourtant pas la première fois que des voix comparent les crimes commis par les nazis en France et ceux de l'ex-puissance coloniale. Le parallèle s'est même très tôt étendu, dès les dernières années de la présence française en Algérie, rappelle le site Histoirecoloniale.net, animé par des militants des droits humains et des historiens. Dès 1951, Claude Bourdet, journaliste et ancien résistant, se demandait dans *L'Observateur* s'il existait une *« gestapo algérienne »* pour qualifier les méthodes employées par la France. En 1959, après la publication du récit de Robert Davezies, prêtre ouvrier proche du FLN et témoin d'exactions, Louis Aragon dénonçait quant à lui une *« responsabilité collective »* face, notamment, aux *« Oradour par centaines »*. Depuis des décennies, des chercheurs, des journalistes et des militants s'efforcent de combattre le silence sur les violences commises au cours de la période coloniale. Outre poser des mots sur les faits, les travaux menés depuis plus d'un demi-siècle ont permis de mettre un nom sur les victimes et leurs bourreaux, notamment concernant les faits les plus récents. Le site 1000autres.org, animé par les historiens Fabrice Riceputi et Malika Rahal, rend par exemple publique la liste d'un millier de personnes enlevées en 1957 par les parachutistes français durant la *« bataille d'Alger »* – en fait un régime de terreur. La source n'est autre qu'un fichier de l'État contenant les avis de recherche établis par la préfecture à la demande de familles de victimes. Compte tenu de la répression infligée à la population, la liste est probablement très sous-estimée. Mais elle brise l'anonymat de ces *« dockers, ouvriers, petits marchands ou garçons de café »*, décrit le site, ces *« Français musulmans »* colonisés, souvent d'extraction modeste, ces nombreuses femmes également, visés par les rapts, les détentions arbitraires, la torture et les assassinats en nombre. Nommer les bourreaux, c'est aussi le combat qu'ont mené les victimes encore en vie, soutenues par des journalistes et des historiens. L'un des responsables écrase les autres par sa notoriété : Jean-Marie Le Pen, fondateur du Front national, mort à 96 ans au début de l'année 2025. Dès 1957, le leader d'extrême droite avait admis avoir torturé, avant de se rétracter et de poursuivre en justice, avec succès, des journalistes qui documentaient son sinistre passé sur la base de témoignages. Pour restaurer la vérité, il fallait une preuve incontestable, une pièce à conviction. La journaliste du *Monde* Florence Beaugé a fini par mettre la main dessus, après une quête rocambolesque mise en dessin par Aurel.

Casbah d'Alger, 2 mars 1957, 22 heures

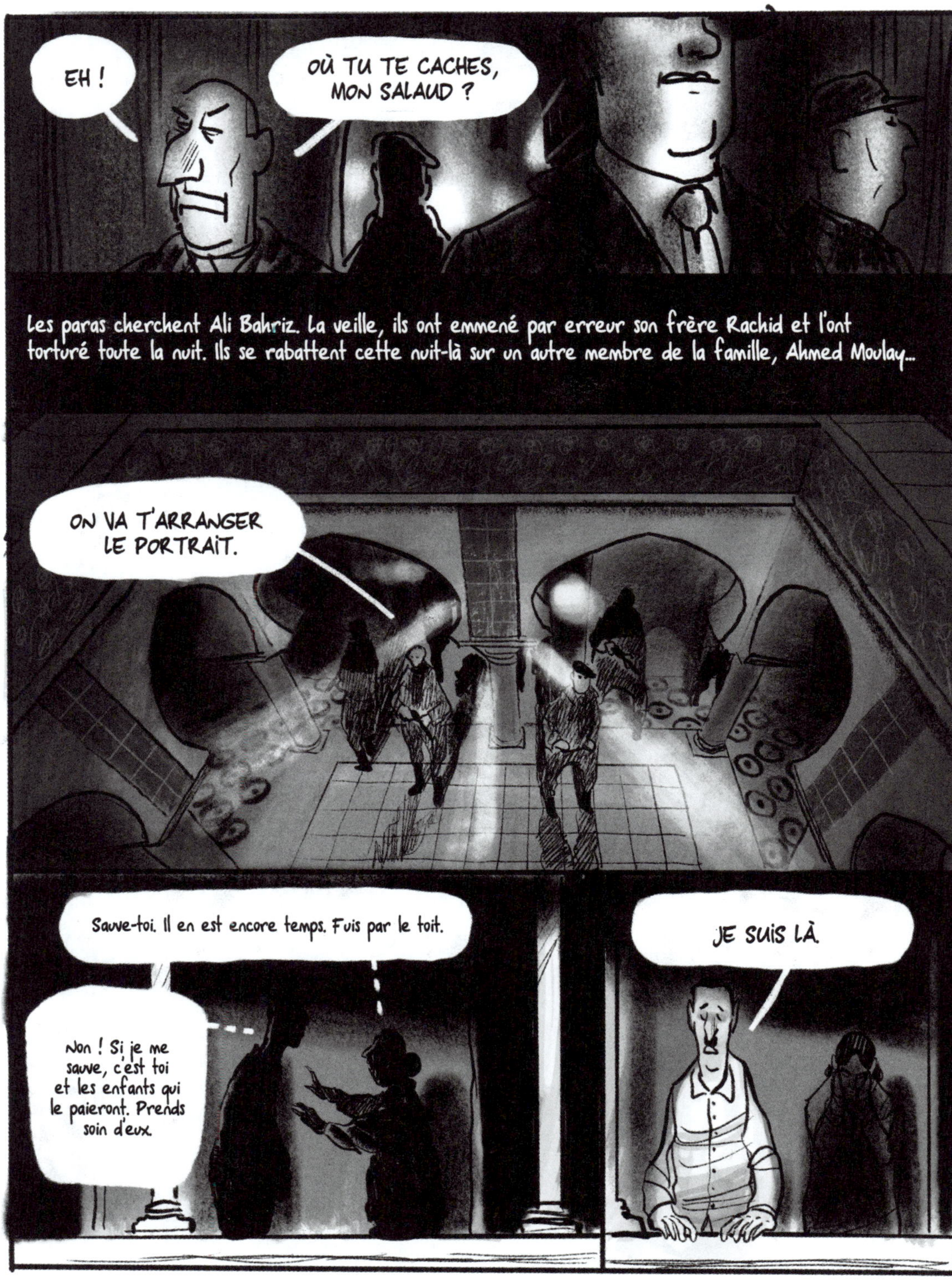
EH !
OÙ TU TE CACHES, MON SALAUD ?
Les paras cherchent Ali Bahriz. La veille, ils ont emmené par erreur son frère Rachid et l'ont torturé toute la nuit. Ils se rabattent cette nuit-là sur un autre membre de la famille, Ahmed Moulay...
ON VA T'ARRANGER LE PORTRAIT.
Sauve-toi. Il en est encore temps. Fuis par le toit.
Non ! Si je me sauve, c'est toi et les enfants qui le paieront. Prends soin d'eux.
JE SUIS LÀ.

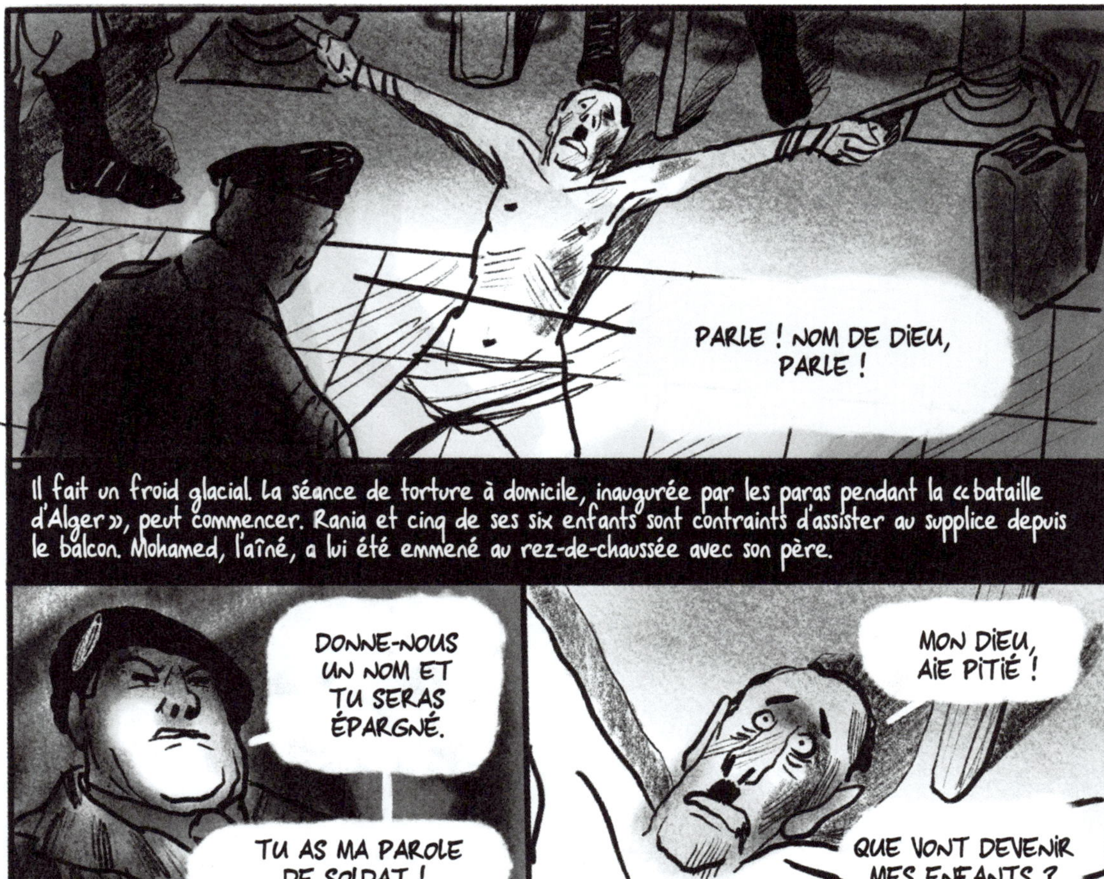

* Combattants du Front de libération nationale (FLN) pendant la guerre d'Algérie.

Le supplice de l'eau ne suffisant pas, les paras décident de passer à l'électricité. Facile : Ahmed Moulay est artisan électricien. Son atelier jouxte son domicile.
AHAAAHHAHH
PUTAIN ! LES PLOMBS ONT SAUTÉ.
MON LIEUTENANT, IL EST MORT !
Les paras rhabillent précipitamment le cadavre d'Ahmed Moulay. Ils le transportent dans la rue pour peaufiner une mise en scène coutumière à cette époque.
TAKATAKATAKATA
Et comme d'habitude, les journaux parleront le lendemain d'un terroriste abattu dans sa tentative de fuite.

?
Le lendemain matin
De nouvelles descentes au 7, rue des Abencérages, conduites par le même lieutenant blond, ont lieu les jours suivants. Les paras fouillent à chaque fois la maison de fond en comble et la mettent à sac.
OÙ C'EST ? OÙ ÇA PEUT BIEN ÊTRE ?
MAIS QUE CHERCHEZ-VOUS ENCORE ?
T'OCCUPE !
VOUS ÊTES SÛR DE L'AVOIR PERDU ICI, MON LIEUTENANT ?

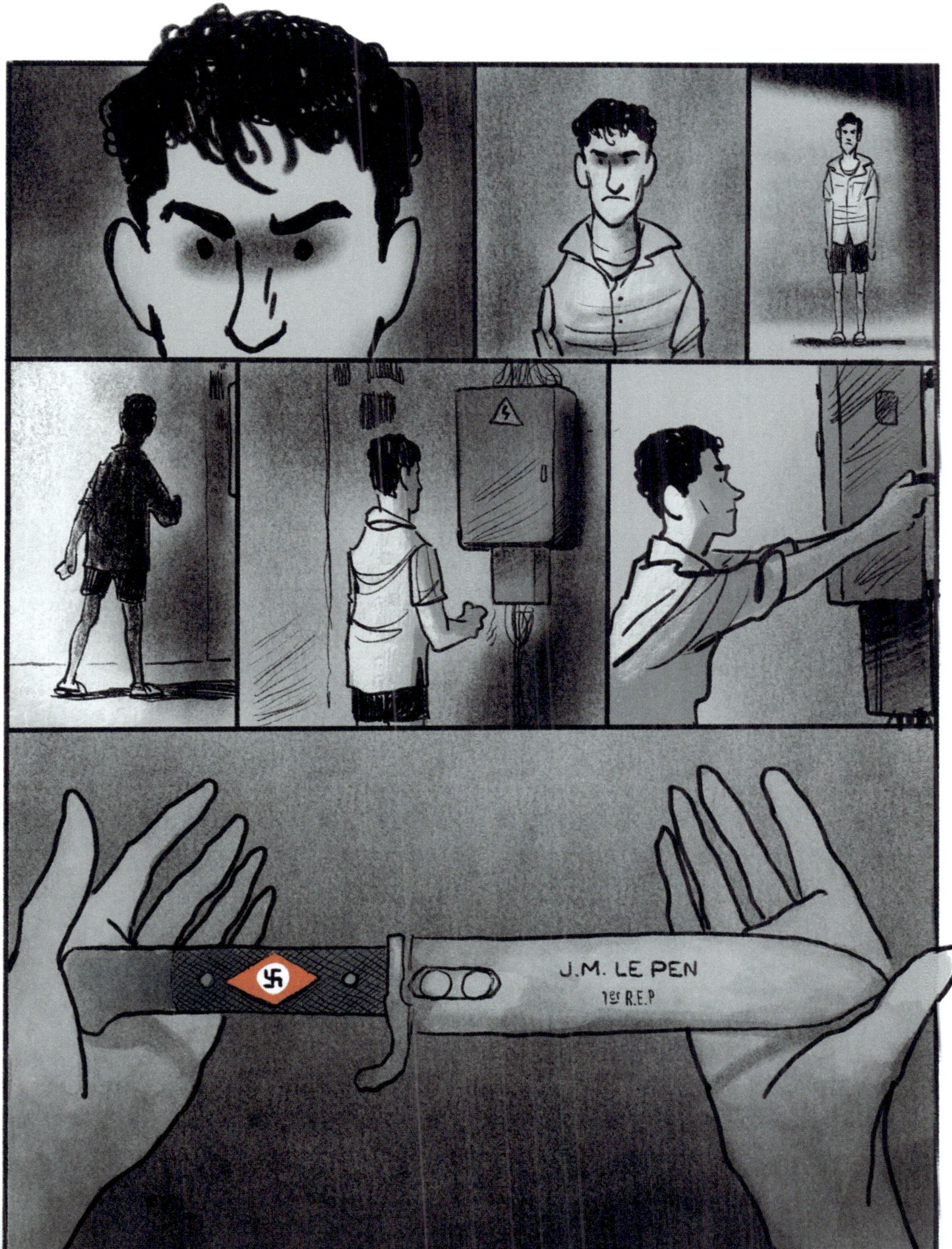
J.M. LE PEN
1er R.E.P

* Terme utilisé par les militaires français pour désigner les combattants indépendantistes.

Depuis la mort de son père, Mohamed Moulay sèche l'école. Son instituteur, Robert Muriot, un métropolitain sévère mais dévoué, passionné d'opéra, tente de le retenir.
QU'EST-CE QUI T'ARRIVE MOHAMED ?
JE NE TE VOIS PLUS EN CLASSE !
L'ECHO D'ALGER
LE GOUVERNEMENT REMPORTE UN BRILLANT SUCCÈS
C'EST LUI QUI A TORTURÉ ET TUÉ MON PÈRE.
?
JE VEUX LE VENGER. JE VAIS PRENDRE LE MAQUIS ET REJOINDRE L'ARMÉE DE LIBÉRATION NATIONALE.
MAIS...
C'est ainsi qu'à 12 ans, Mohamed Moulay devient un « fellagha ».
Il sera le plus jeune des combattants indépendantistes algériens.

Quarante-cinq ans plus tard. Stupeur en France. Le 21 avril 2002, Jean-Marie Le Pen, le leader du Front national, s'est qualifié pour le second tour de l'élection présidentielle face à Jacques Chirac. Lionel Jospin, le candidat socialiste arrivé troisième, est balayé.
2002
Présidentielle
2
20,0%
17,0%
UN ANCIEN TORTIONNAIRE À L'ÉLYSÉE ?
L'onde de choc traverse la Méditerranée. Les Algériens se passionnent de longue date pour la vie politique française, ils sont secoués par la nouvelle.
IL VA OBLIGER TOUS LES ARABES À RENTRER AU BLED !
ON N'AURA PLUS DE VISA POUR LA FRANCE...

* Lire à ce sujet l'enquête « Un trop long silence » dans notre numéro #37.

En trois jours, « l'enfant au poignard » est retrouvé. Il a 57 ans à présent, et habite toujours Alger.
JE N'AI PAS ENVIE DE PARLER. NI MOI NI MA FAMILLE N'ESPÉRONS QUOI QUE CE SOIT.
NOUS N'ATTENDONS NI PUBLICITÉ NI ARGENT, QUE CE SOIT BIEN CLAIR ENTRE NOUS !
MAIS LA SITUATION EST GRAVE. UN HOMME QUI A LES MAINS PLEINES DE SANG PRÉTEND ENTRER À L'ÉLYSÉE. C'EST MON DEVOIR DE TÉMOIGNER.
Reprendre et terminer l'enquête sur Le Pen dans la casbah d'Alger va prendre une dizaine de jours. Tout en arpentant les ruelles, Mohamed Moulay évoque souvent la Résistance française – Jean Moulin, Lucie Aubrac – comme le font tous les anciens moudjahidine.
TU TE SOUVIENS DE TOUT ! COMMENT FAIS-TU POUR AVOIR UNE MÉMOIRE PAREILLE ALORS QUE TU N'AVAIS QUE 12 ANS...
C'EST PRÉCISÉMENT PARCE QUE J'ÉTAIS TRÈS JEUNE QUE JE ME SOUVIENS DE TOUT.

Le Monde
La mort d'Ahmed Moulay, mis à la « question » par Le Pen
Le 2 mars 1957, son fils Mohamed Cherif, 12 ans, assiste au supplice
Le résultat du premier tour a poussé le fils du supplicié à sortir de son silence
L'enquête et l'histoire du poignard sortent dans « Le Monde » le samedi 4 mai 2002, veille du second tour de l'élection présidentielle. Avec la réaction du leader du Front national.
JE N'AI JAMAIS ÉTÉ À LA CASBAH ! J'OPPOSE À CES PSEUDO-TÉMOIGNAGES UN DÉMENTI TOTAL ET FORMEL.
C'EST UN GAG. DE LA PURE IMAGINATION. UNE DIFFAMATION D'UN BOUT À L'AUTRE !
LE PEN EST UN MYTHE. C'EST PLUS FLATTEUR D'AVOIR ÉTÉ VICTIME DE LE PEN PLUTÔT QUE D'UN INCONNU.
CELA NE VAUT PAS UN PET DE LAPIN, ET EN PÉRIODE ÉLECTORALE, TOUT CELA EST D'UN GOÛT DOUTEUX.
Un mois plus tard, le 2 juin 2002, Jean-Marie Le Pen prend les devants, alors qu'il est l'invité de l'émission radio-télévisée *Le Grand Jury RTL-« Le Monde »-LCI*. Il a eu vent de la publication imminente d'une nouvelle enquête du « Monde » le concernant.
JE N'AI JAMAIS PRATIQUÉ LA TORTURE EN ALGÉRIE ! C'EST UN LYNCHAGE MÉDIATIQUE !
L'ENQUÊTE DU « MONDE » EST UNE MANIPULATION QUI ME VISE PERSONNELLEMENT, C'EST UN APPEL AU MEURTRE ! ELLE A ÉTÉ RÉALISÉE AVEC LA COMPLICITÉ DES SERVICES SECRETS ALGÉRIENS !
RTL
Le Monde
ÇA VISE À SALIR L'HONNEUR DE L'ARMÉE FRANÇAISE ET CELUI DES ANCIENS COMBATTANTS ! C'EST UNE APOLOGIE INDIRECTE DU TERRORISME ! SI « LE MONDE » PUBLIE D'AUTRES FAUX TÉMOIGNAGES DE TERRORISTES, JE VOUS PRÉVIENS, IL Y AURA PROCÈS !

Le 4 juin 2002, cinq jours avant le premier tour des élections législatives, «Le Monde» publie la seconde partie de son enquête sur le passé de Jean-Marie Le Pen.
8/LE MONDE/MARDI 4 JUIN 2002
FRANCE
ENQUÊTE
Quarante-cinq ans après, quatre victimes de tortures durant la GUERRE D'ALGÉRIE ont livré au Monde leurs témoignages inédits. Ils affirment avoir subi, au mois de février 1957, des sévices perpétrés par des militaires français qui voulaient obtenir d'eux les noms des CHEFS DU FLN, dont ils étaient membres ou sympathisants. « Le soir du 2 février, raconte l'un d'eux, une vingtaine d'hommes conduits par Le Pen ont surgi. » Evoquant des TORTURES À L'ÉLECTRICITÉ, un autre affirme : « Le Pen actionnait l'interrupteur ». Informé de cette enquête, le président du FN a annoncé, dimanche soir 2 juin, un procès en diffamation contre Le Monde, et nié avoir pratiqué la torture. En 2000 et en 2001, il avait perdu LES DEUX PROCÈS qu'il avait intentés à l'ancien premier ministre Michel Rocard et à l'historien Pierre Vidal-Naquet.
Torture : quatre nouveaux témoins accusent Jean-Marie Le Pen
Victimes de sévices au mois de février 1957, durant la bataille d'Alger, ces anciens militants et sympathisants du FLN affirment aujourd'hui – sans s'être concertés – avoir identifié le président du Front national, alors lieutenant parachutiste, parmi leurs tortionnaires
ALGER
de notre envoyée spéciale
La nuit du 2 au 3 février 1957, à Alger, a-t-elle dépassé en violence toutes les autres ? Elle est en tout cas restée dans les mémoires et illustre ce que des victimes décrivent comme une pratique de la « torture à domicile » qu'aurait mise en œuvre Jean-Marie Le Pen. Cette nuit-là, une tragédie à huis clos se noue dans trois maisons de la casbah d'Alger, noyau de la résistance à l'armée française. Interrogés séparément, sans s'être concertés, plusieurs témoins font aujourd'hui un récit presque identique de ces événements. C'était le sixième jour de la « grève des huit jours », lancée par le FLN pour tester son
sables de tout premier plan du FLN, en particulier Yacef Saadi [chef de la zone autonome d'Alger], réfugié dans une cache. Le Pen se faisait appeler "Marco". Il respirait la violence. Pour lui, il s'agissait beaucoup plus de nous mater que de nous arracher des renseignements. »
Abdelkader Ammour raconte avoir été allongé par terre sur le dos, nu et les mains ligotées sous
Trois mois à Alger, début 1957
« Le Pen actionnait l'interrupteur. Il a demandé de l'eau qu'il m'a jetée sur le corps,
Quatre nouveaux témoins, Abdelkader Ammour, Mustapha Merouane, Mohamed Amara et Mohamed Abdellaoui, accusent nommément Jean-Marie Le Pen de les avoir torturés.
Jean-Marie Le Pen convoque une conférence de presse. À ses côtés, son supérieur en Algérie et ami, le capitaine Louis Martin, devenu « général » dans l'armée gabonaise d'Omar Bongo.
La France et les Français d'abord
FN
Capitaine Louis Martin
J'ENGAGE UNE PROCÉDURE DE JUSTICE CONTRE LE JOURNAL «LE MONDE».
C'EST UNE MACHINATION IMMONDE ! UNE MANŒUVRE RÉALISÉE AVEC LA COMPLICITÉ DES SERVICES SECRETS DE M. BOUTEFLIKA !
HONNEUR à l'Armée d'Algérie !
Faire sortir le poignard d'Algérie va s'avérer un rude défi. L'aéroport d'Alger est, avec celui de Tel-Aviv, le mieux gardé au monde.

Résidence privée de l'ambassadeur de France, sur les hauteurs d'Alger
VOUS POUVEZ ME TRANSFÉRER CET OBJET EN FRANCE PAR LA VALISE DIPLOMATIQUE ?
HEU... HEU...
MAIS VOUS N'Y PENSEZ PAS... C'EST TOUTE LA RÉPUBLIQUE FRANÇAISE QUE VOUS METTEZ EN DANGER AVEC VOTRE REQUÊTE !
Hubert Colin de Verdière
Deuxième tentative, quelques mois plus tard. Le ministre français des Affaires étrangères se rend à Alger, en délégation restreinte. À bord de ce vol spécialement affrété se trouvent quelques journalistes.
J'AI UN PROCÈS DANS QUELQUES SEMAINES AVEC JEAN-MARIE LE PEN.
EST-CE QUE JE PEUX RAPPORTER À PARIS, DEMAIN DANS NOTRE VOL RETOUR, UNE PIÈCE À CONVICTION ESSENTIELLE ?
J'AURAIS PRÉFÉRÉ NE PAS ÊTRE MIS AU COURANT !
Dominique de Villepin
Ce « non » déguisé est une douche froide. Les mois passent. Le poignard est toujours à Alger, dans le buffet de la salle à manger de la famille Moulay.

La date du procès approche. Un nouvel ambassadeur de France, Daniel Bernard, est nommé dans la capitale algérienne. Peut-être sera-t-il moins sourcilleux que son prédécesseur sur la question de la valise diplomatique ?
COMMENT AVEZ-VOUS RÉUSSI À ENTRER DANS L'AMBASSADE AVEC CET OBJET ?
PEU IMPORTE ! J'AI ABSOLUMENT BESOIN DE CE POIGNARD POUR MON PROCÈS. VOUS POUVEZ M'AIDER À LE FAIRE PARVENIR EN FRANCE ?
IMPOSSIBLE, C'EST HORS DE QUESTION. DÉBROUILLEZ-VOUS, MADAME BEAUGÉ !
Un ami d'ami intervient. Il a une idée lumineuse et, dit-il, imparable : une feuille de plomb.
EMBALLÉ LÀ-DEDANS, LE POIGNARD SERA INVISIBLE AUX RAYONS X À L'AÉROPORT D'ALGER.
AJOUTEZ UN PAPIER CADEAU,
PLANQUEZ LE PAQUET DANS VOTRE VALISE ENTRE DEUX BOUQUINS, ET HOP, LE TOUR EST JOUÉ !

Aéroport d'Alger, quelques jours plus tard
T'AS VU ÇA ?
C'EST BIZARRE !
?
C'EST UN POIGNARD QUI A APPARTENU À JEAN-MARIE LE PEN PENDANT LA GUERRE D'ALGÉRIE. J'AI UN PROCÈS DANS QUELQUES SEMAINES, S'IL VOUS PLAÎT, LAISSEZ-MOI REPARTIR AVEC.
S'IL VOUS PLAÎT !
ATTENDEZ UN INSTANT.

QUE SE PASSE-T-IL, MADAME ?
LE PEN...
LA CASBAH.
UN POIGNARD.
PROCÈS À PARIS...
DONNEZ-MOI UN QUART D'HEURE. JE VAIS VOIR CE QUE JE PEUX FAIRE.
ÇA Y EST, C'EST RÉGLÉ. VOUS POUVEZ Y ALLER ! DÉPÊCHEZ-VOUS, VOTRE AVION A DÉJÀ UNE DEMI-HEURE DE RETARD !
ET LE POIGNARD ?
IL EST DANS VOTRE VALISE, BIENTÔT DANS LA SOUTE.
BONNE CHANCE POUR VOTRE PROCÈS !

Paris, 15 mai 2003
Palais de justice, 17e chambre correctionnelle
Le sujet s'imposait. Je n'ai aucune animosité personnelle envers Jean-Marie Le Pen…
En Algérie, on vit toujours dans le souvenir de la guerre d'indépendance…
Oui, Le Pen se déplaçait comme il voulait dans la Casbah. J'ai refait dix fois ses allers et retours, en les chronométrant, pour vérifier que c'était possible.
Les lois d'amnistie décrétées après l'indépendance de l'Algérie en 1962 interdisent d'évoquer les exactions commises. On ne juge pas la vérité des faits mais seulement la bonne foi du journal.
Wallerand de Saint-Just
Avocat, membre du Front national, il représente Jean-Marie Le Pen, qui n'a pas jugé utile de faire le déplacement.
Et ce poignard ? Vous l'avez vu ? Vous l'avez tenu entre vos mains ?
Édith Dubreuil, présidente du tribunal
Oui, bien sûr, je l'ai vu et tenu entre mes mains.
Et où est-il à présent ? Dans un musée d'Alger ?
Non…
Il est ici.
!!!

JE PROTESTE ! CETTE PIÈCE NE NOUS A PAS ÉTÉ COMMUNIQUÉE ! ELLE NE FIGURE PAS AU DOSSIER !
VOUS N'ESPÉRIEZ QUAND MÊME PAS QUE NOUS NOUS SÉPARERIONS D'UNE PIÈCE PAREILLE !
Yves Baudelot, avocat du journal « Le Monde »

J'APPELLE À LA BARRE MONSIEUR MOHAMED MOULAY.
ILS ONT FAIT INGURGITER À MON PÈRE DES LITRES D'EAU.
SON VENTRE ÉTAIT DEVENU ÉNORME. UN PARA SAUTAIT DESSUS À PIEDS JOINTS. C'ÉTAIT HORRIBLE.
Puis vient le tour d'Abdelkader Ammour de témoigner.
J'AVAIS 19 ANS.
J'ÉTAIS NU.
LE PEN EN PERSONNE M'A TORTURÉ. D'ABORD À L'ÉLECTRICITÉ, PUIS À L'EAU. IL ÉTAIT ASSIS SUR MOI ET TENAIT UN CHIFFON PENDANT QU'UN AUTRE VERSAIT DANS MA BOUCHE DE L'EAU SALE DES TOILETTES. LE PEN CRIAIT : « VAS-Y, NE T'ARRÊTE PAS ! »
SES HOMMES L'APPELAIENT « LIEUTENANT MARCO ».
TOUT CELA EST UNE FORGERIE ! UNE FORGERIE ! ALLONS-Y, CHARGEONS LA BARQUE ! MAIS MÉFIEZ-VOUS : J'AI ENCORE DES BISCUITS DANS MA MUSETTE !

Henri Alleg
LE PEN A BEL ET BIEN ÉTÉ UN TORTIONNAIRE. « LE MONDE » A FAIT ŒUVRE UTILE EN INFORMANT SES LECTEURS. ET CE JOURNAL, AVEC SES ENQUÊTES, A FAIT DAVANTAGE POUR RAPPROCHER L'ALGÉRIE ET LA FRANCE QUE QUARANTE ANS DE DIPLOMATIE FRANCO-ALGÉRIENNE.
Journaliste, ancien directeur d'« Alger républicain »
Pierre Vidal-Naquet
JEAN-MARIE LE PEN S'EST VANTÉ AUTREFOIS D'AVOIR TORTURÉ. ET AUJOURD'HUI IL POURSUIT « LE MONDE » POUR EN AVOIR FAIT LA DÉMONSTRATION ? C'EST UNE PLAISANTERIE ?
Historien, auteur de « La Torture dans la République » (Éd. de Minuit, 1972)
Edwy Plenel
« LE MONDE » AVAIT LE DROIT ET MÊME LE DEVOIR D'ÉTABLIR LA RÉALITÉ DES FAITS COMMIS PAR JEAN-MARIE LE PEN PENDANT LA GUERRE D'ALGÉRIE. MALGRÉ LES LOIS D'AMNISTIE QUI IMPOSENT L'AMNÉSIE ! IL LE DEVAIT À SES LECTEURS.
« Le Monde » est relaxé le 26 juin 2003, par un jugement exceptionnellement long de cinquante pages.
La 17e chambre qualifie l'enquête du journal de « particulièrement sérieuse et approfondie », les témoignages rapportés sont d'« une crédibilité certaine ».
Le leader du Front national fait immédiatement appel.

Elle a fait parler tous les vieux généraux, ne manque plus que le général Alzheimer...
Un an plus tard. 11e chambre de la cour d'appel de Paris, 16 juin 2004. Cette fois-ci Jean-Marie Le Pen est venu en personne. Son avocat, Wallerand de Saint-Just, l'accompagne.
DERRIÈRE CES ATTAQUES, C'EST TOUTE L'ARMÉE FRANÇAISE ET, SOMME TOUTE, LA FRANCE QUE L'ON VISE !
L'ARMÉE FRANÇAISE S'EST TOUJOURS CONDUITE AVEC HONNEUR, DANS LE CADRE D'UNE MISSION QUE PERSONNE NE VOULAIT ACCOMPLIR. LES TÉMOIGNAGES DU « MONDE » SONT INVRAISEMBLABLES, IMPOSSIBLES. QUANT À CETTE HISTOIRE DE POIGNARD...
Le 6 octobre 2004, la cour d'appel confirme en tout point le jugement de première instance.
Jean-Marie Le Pen se pourvoit en cassation, une ultime requête rejetée le 27 septembre 2005.

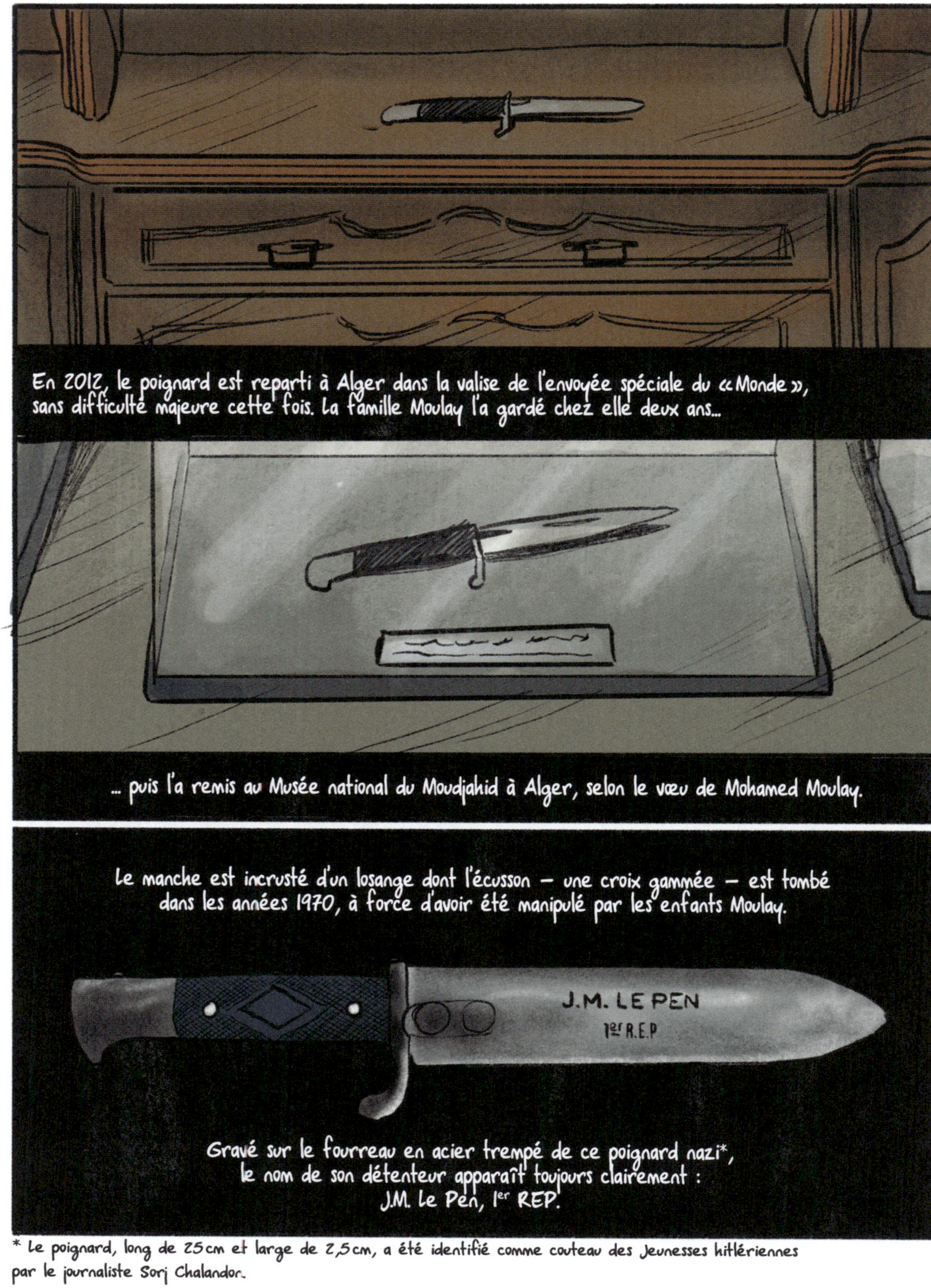

* Le poignard, long de 25 cm et large de 2,5 cm, a été identifié comme couteau des Jeunesses hitlériennes par le journaliste Sorj Chalandon.

« L'enfant au poignard », quant à lui, est mort d'une embolie pulmonaire à Alger le 28 avril 2012, à l'âge de 67 ans.

Il a passé toute sa vie en Algérie, où il s'est marié et a eu cinq enfants.

Mohamed Moulay a milité comme syndicaliste, luttant contre la corruption et l'état de non-droit qui prévaut en Algérie depuis l'indépendance.

Le simple fait que la justice française ait accepté d'entendre l'histoire de son père, sans la nier, l'avait réconcilié avec la France. Il s'est éteint avec un regret cependant : que sa mère, Rania Moulay, morte en 1996 à l'âge de 76 ans, n'ait pas eu connaissance de cette décision de justice.

mémoires d'outre-tombe

De tortionnaire revendiqué à *« lanceur d'alerte »,* le regard de la société et de la justice françaises sur l'ancien président du Front national a souvent évolué entre son engagement à Alger et sa mort, soixante-huit ans plus tard.

DE DOUTEUX HOMMAGES

La mort de Jean-Marie Le Pen, le 7 janvier 2025, a donné lieu à un étonnant florilège de la part d'une bonne partie de la presse et de la classe politique françaises : *« tribun hors pair », « combattant », « homme du peuple », « visionnaire »,* ainsi qu'un inattendu *« lanceur d'alerte ».* Oubliés, le racisme, l'antisémitisme et le négationnisme du fondateur du Front national (FN). D'autres titres, comme Mediapart ou Arrêt sur images, se sont indignés de ces *« hommages de la honte »* et de cette *« lepénisation des esprits ». L'Humanité* a, pour sa part, exhibé une photo de son poignard, avec ce titre : *« La haine était son métier ».*

© HENRI CARTIER-BRESSON / MAGNUM PHOTOS

Alors qu'une tentative de putsch s'orchestrait à Alger sur la rumeur d'une négociation de cessez-le-feu par le gouvernement en place, Jean-Marie Le Pen manifestait à Paris le 13 mai 1958, lors d'un hommage à des parachutistes exécutés quelques jours plus tôt.

« ON A AMNISTIÉ LA PEINE ET EFFACÉ LE CRIME »

L'avis des Algériens sur ce décès, et l'absence de justice dont ils souffrent toujours aujourd'hui, a fait nettement moins de bruit. Deux raisons au moins expliquent la légèreté avec laquelle le passé de tortionnaire de Jean-Marie Le Pen a été écarté en France. D'abord le conformisme, selon lequel on doit respecter un « délai de décence » à la suite d'un décès. Ensuite, l'omerta issue des amnisties décrétées par la France après 1962. *« On a amnistié la peine et effacé le crime »*, regrettait dans les années 2000 le journaliste Henri Alleg, ex-directeur d'*Alger républicain*.

TEXTE FLORENCE BEAUGÉ

DE LA REVENDICATION À LA DIFFAMATION

À l'abri sur le plan judiciaire comme politique, Jean-Marie Le Pen a longtemps admis, sinon revendiqué, avoir utilisé *« des méthodes de contrainte »* et même la torture à Alger. Au milieu des années 1980, devenu député européen, il change de stratégie et poursuit en justice tous ceux qui révèlent son passé. En 1985, *Libération* publie, sous la plume de Lionel Duroy, le récit de six victimes ou témoins algériens de ses exactions, dont celui de Mohamed Moulay – ce qu'ignore *Le Monde* lors de son enquête, en 2002. *Libération* sera condamné pour diffamation.

LE TOURNANT DE 1999

Vingt ans plus tard, à l'inverse, *Le Monde* est relaxé face au président du FN, les magistrats qualifiant l'enquête de *« particulièrement sérieuse et approfondie »*. La présentation du fameux poignard à la cour a-t-elle joué ? Les mentalités ont surtout évolué depuis les années 1990. Les « événements d'Algérie » sont devenus la « guerre d'Algérie » en 1999, sur décision de l'Assemblée nationale. *« Ce changement politico-mémoriel a aussi affecté la justice »*, souligne l'historien Fabrice Riceputi. C'est également à cette époque que Michel Rocard et Pierre Vidal-Naquet sont relaxés, après dix ans de poursuites pour avoir qualifié Jean-Marie Le Pen de tortionnaire.

À LIRE

Le Pen et la torture. Alger 1957, l'histoire contre l'oubli, **de Fabrice Riceputi. Un dossier accablant sur les mois passés par Jean-Marie Le Pen à Alger.** Éd. Le Passager clandestin (2024).

À LIRE

Algérie, une guerre sans gloire, **de Florence Beaugé. La réédition du livre de l'autrice de cette enquête, qui rassemble de nombreux témoignages.** Éd. Le Passager clandestin (2025).

MAKING-OF

« Depuis 2014, le poignard de Jean-Marie Le Pen se trouve au Musée national du Moudjahid à Alger. Non pas exposé en vitrine aux yeux de tous, mais enfermé dans un coffre, au sous-sol du bâtiment. Officiellement, parce que le musée est en travaux. Pourquoi ce peu d'empressement des autorités à exposer ce trophée ? Cette bizarrerie reflète en tout cas l'ambivalence des relations entre Alger et Paris. Côté algérien, le souci est de ne surtout pas faire de bruit. De ne pas exploiter une situation. À l'inverse de ce que l'on imagine en France. » **Florence Beaugé**

Inauguré en 1982, le Musée national du Moudjahid, à Alger, culmine à 92 mètres.

LA CONDITION URBAINE

Pigeons. Depuis 2024, une statue du volatile, haute de cinq mètres, toise les passants et les véhicules d'une rue de New York. Un hommage de l'artiste Iván Argote en forme de revanche pour ce mal-aimé des villes.

CHRISTELLE GRANJA   MANON MUGNIER

J'ai des cousins sur les cinq continents, de Mumbai à Helsinki, de Paris à Tokyo, Los Angeles ou Lima.
Je suis l'oiseau urbain le plus commun de la planète !
Et pourtant, ce n'est pas simple ces temps-ci.
Vous avez vu l'hécatombe en ville ? Les trois quarts des moineaux ont disparu à Paris en treize ans.
Les merles et les mésanges ne sont guère mieux lotis.
RIP Jackson le pigeon
Le bruit, le bitume, la pollution chimique ou lumineuse, la baisse des populations d'insectes... Moi, le pigeon biset, ou « Columba livia », je supporte tout.
HONK
MIIIP
Miip
HONK
Miiip
Même les humains.
Mais vous êtes-vous déjà demandé d'où je viens, et pourquoi je suis là ?

Ce n'est pas tout à fait un hasard si les pigeons ont trouvé en ville une architecture qui leur convenait : elle est proche des falaises de leur milieu d'origine.
Ces granivores ont su se convertir à l'omnivorisme, trouvant largement dans nos poubelles de quoi subsister. Ils sont même devenus dépendants des villes.
À vrai dire, aujourd'hui, je trouve la campagne d'un ennui !
Ça vous étonne ? Demandez aux rats surmulots, ils pensent pareil.
La même, frère.
Le pigeon biset qu'on croise dans nos villes – le plus répandu des 150 espèces existantes – est un animal féral : il est le descendant, redevenu sauvage, d'animaux anciennement domestiqués en Mésopotamie, il y a plus de cinq mille ans.
Son élevage devient populaire en Europe au XVIIe siècle.
Tandis que les humains sélectionnent les individus les plus aptes à combler leurs besoins, le pigeon va au fil du temps incarner à peu près tout et son contraire...

Un élevage tantôt réservé aux aristocrates : en France, jusqu'à la Révolution, les paysans ont interdiction de l'élever et de le tuer.
Ou tantôt prisé des classes populaires : à New York, au XXe siècle, la colombophilie est décrite comme la « course de chevaux du pauvre ».
Parfois un plat raffiné, d'autres fois une nourriture pour les foyers modestes : avec jusqu'à huit reproductions par an, il assure œufs et chair fraîche en quantité.
Un héros de guerre et un outil de communication.
Un symbole de fidélité, d'amour et de paix.
Eh oui, la colombe et moi, on est pareils !
Elle se donne des airs, mais nous sommes de la même espèce, ce n'est qu'une question de couleur.
Un oiseau qui joue un rôle religieux dans l'Égypte antique, la chrétienté et l'Islam.

Mais au xxe siècle, le pigeon domestique perd progressivement son utilité aux yeux des humains.
Ses capacités de messager sont éclipsées par le progrès des télécommunications.
Sa fiente jusqu'ici utilisée comme engrais est remplacée par des produits industriels.
Sa chair est abandonnée au profit de celle du poulet qui résiste aux conditions d'élevage les plus infernales.
Même le tir au pigeon, discipline olympique en 1900, est bannie des JO dès 1904.
Tir au pigeon vivant, je précise...
Des individus se perdent, s'échappent ou sont abandonnés à leur sort, et commencent à coloniser les villes.
Ils rejoignent les populations férales existantes.
Un tiers de la population française actuelle descendrait d'individus « libérés » du privilège nobilaire.

Et alors là, bien sûr, on devient un fléau urbain.
On nous accuse de salir, de détériorer les bâtiments, de faire du bruit, de transmettre des maladies...
On nous traite de « rats des airs » !
Pourtant, pour le philosophe Fahim Amir, auteur de « Révoltes animales » (Éd. Divergences, 2022), la présence massive du pigeon en ville est plutôt une « conséquence de la civilisation ».
Si on est là, c'est de votre fait ! Ce sont vos choix !
Votre domestication, votre exploitation, votre économie mondialisée !
Vos villes qui dégorgent de bouffe et qui étouffent tellement les autres vivants qu'on n'y voit plus que les rares qui peuvent y subsister...

* Lire à ce sujet l'enquête « Voyage, voyage » dans notre numéro #41.

Le pigeon est le symbole de ce qu'on appelle l'homogénéisation biotique, un phénomène selon lequel des milieux aux antipodes se mettent à partager les mêmes espèces.
Ainsi, malgré les différences de climat et de latitude, la biodiversité des grandes villes du monde a tendance à se raréfier… et à se ressembler, parce que l'humain y a créé des conditions proches.
HONK
Les espèces qu'on y retrouve peuvent être à fleurs ou à plumes,
mammifères ou invertébrées.
Mais elles ont un point commun. Les écologues les nomment « généralistes ».
C'est-à-dire qu'elles s'adaptent rapidement à des ressources et à des habitats variés.
C'est le cas du pigeon donc, mais aussi du rat, ou encore du pâturin annuel.
Ces « généralistes » sont des champions de l'adaptation aux humains et à l'environnement qu'ils produisent.

D'ailleurs, vous savez pourquoi mon plumage est foncé ?
Déjà, car ça vous plaisait bien les couleurs du temps de notre domestication.
Alors vous avez cherché à en avoir plein de différentes.
Salon de la colombophilie
Aïe
Mais il y a autre chose...
Selon certains chercheurs, les plumages foncés nous permettraient de mieux tolérer la pollution.
La mélamine, qui donne une coloration sombre, capte les métaux qui circulent dans le sang, et les stocke dans nos plumes.
Rr, excusez-moi... Ah... ah...
TCHAA
Le plomb, le zinc, le cadmium, mieux vaut ne pas garder ça dans ses organes.
Ça nous dégage l'organisme, voyez.
Snif

Les pigeons ont beau être des champions de l'adaptation, résisteront-ils à une urbanité en surchauffe ?

*Lire à ce sujet l'enquête « ... Et pour quelques degrés de moins » dans notre numéro #44.

Instantané

Un empire sans filtres. Aux prémices du XXe siècle, un photographe ingénieux entreprend de parcourir l'Empire russe pour constituer un fonds documentaire à diffuser aux écoliers de ce vaste et disparate territoire. Sa particularité ? Être l'un des premiers à avoir su restituer la couleur.

FÉRIEL NAOURA ÉLISA GÉHIN

CHIMISTE DE FORMATION, SERGUEÏ MIKHAILOVITCH PROKOUDINE-GORSKI DÉCIDE DE METTRE À PROFIT LES AVANCÉES DE LA RECHERCHE EN PHOTOGRAPHIE POUR REPRODUIRE LE PLUS FIDÈLEMENT POSSIBLE LE RÉEL.

ARMÉ D'UN APPAREIL CRÉÉ PAR SES SOINS, CE SCIENTIFIQUE ORIGINAIRE D'UN VILLAGE À L'EST DE MOSCOU ENTEND SE RENDRE AUX CONFINS DE L'EMPIRE.

IL OBTIENT LE SOUTIEN DU TSAR NICOLAS II, QUI VOIT EN SON PROJET L'OPPORTUNITÉ D'ASSEOIR L'UNITÉ D'UN TERRITOIRE MORCELÉ : DE L'ASIE CENTRALE AUX LIMITES DE L'OCÉAN PACIFIQUE EN PASSANT PAR LA POLOGNE ET LA FINLANDE, 22 MILLIONS DE KM² AGRÉGÉS PAR LES CONQUÊTES DEPUIS LE XVIᴱ SIÈCLE, ENTRAÎNANT DANS LEUR SILLAGE UNE MULTITUDE DE POPULATIONS NON RUSSES.

LE SOUVERAIN FOURNIT AU PHOTOGRAPHE DES LAISSEZ-PASSER. SERGUEÏ MIKHAILOVITCH PROKOUDINE-GORSKI OBTIENT L'AMÉNAGEMENT DE CHAMBRES NOIRES DANS UN TRAIN ET DANS UN BATEAU À VAPEUR, AINSI QU'UNE VOITURE POUR SE RENDRE DANS LES ZONES LES MOINS ACCESSIBLES.

IL COMMENCE PAR DOCUMENTER LE CANAL DE MARIINSKI – AUJOURD'HUI VOIE NAVIGABLE VOLGA-BALTIQUE – QU'IL REMONTE D'OUEST EN EST, EN 1909.

POUR UNE MÊME IMAGE, SON APPAREIL GÉNÈRE UN NÉGATIF À TRAVERS UN FILTRE ROUGE, UN DEUXIÈME À TRAVERS UN FILTRE BLEU ET UN TROISIÈME À TRAVERS UN FILTRE VERT. LES NÉGATIFS SONT ENSUITE SUPERPOSÉS ET PROJETÉS AU MOYEN D'UNE « LANTERNE MAGIQUE ».

LE PRINCIPE DE LA SYNTHÈSE ADDITIVE FAIT SON ŒUVRE, LA COMBINAISON DES LUMIÈRES COLORÉES PERMETTANT DE REPRODUIRE LES COULEURS PERÇUES PAR L'ŒIL.

L'ÉCLUSIER, LA BERGE ET LE BÂTIMENT EN ARRIÈRE-PLAN, ÉLÉMENTS STATIQUES DE L'IMAGE, SE RÉVÈLENT DANS DES TEINTES PROCHES DE LA RÉALITÉ. LE COURS D'EAU, DONT LE MOUVEMENT EST PLUS RAPIDE QUE LE TEMPS ENTRE LA CAPTURE DE CHAQUE NÉGATIF, TRAHIT LA TECHNIQUE : LA COULEUR DÉCOMPOSÉE EST VISIBLE LÀ OÙ LES NÉGATIFS NE SE SUPERPOSENT PAS PARFAITEMENT.

LE PHOTOGRAPHE SAVANT ACHÈVE SA MISSION EN 1915, APRÈS AVOIR RÉALISÉ QUELQUE 10 000 CLICHÉS D'UN EMPIRE EN PLEINE MUTATION INDUSTRIELLE ET FERROVIAIRE.

TROIS ANS PLUS TARD, LA RÉVOLUTION BOLCHEVIQUE LE CONTRAINT À S'EXILER.

Aide sociale à l'enfance

À BOUT DE SOUFFLE

« Comment peut-on se proclamer société lorsqu'on n'est pas capable de protéger les plus vulnérables ? » Ces derniers mois, d'anciens enfants placés ont interpellé les députés de la commission d'enquête sur les failles de l'Aide sociale à l'enfance. Errance de foyer en foyer, carences affectives, orientation subie, et souvent la rue une fois majeurs : les parcours heurtés de ces *« oubliés de la République »,* comme ils se désignent, pénalisent leur vie à venir. Alors que le nombre de mineurs en danger augmente, et que les encadrants lessivés peinent à faire face, cette mission publique historique s'enfonce dans la crise.

MARINE DUMEURGER **LORÈNE GAYDON**

* Les prénoms suivis d'une astérisque ont été modifiés.

* D'après le Syndicat de la magistrature en 2024.

* L'enfant est alors suivi dans son environnement familial.

EN 2024,

** D'après le Syndicat de la magistrature.

CHU DE NANTES, SERVICE MATERNITÉ, 2024
J'ESSAIE DE REPÉRER DES **CARENCES** CHEZ LES ENFANTS, QU'ELLES SOIENT ALIMENTAIRES, AFFECTIVES OU MÉDICALES.
MARIE*, PÉDOPSYCHOLOGUE
LES NOUVEAU-NÉS RESTENT PARFOIS DES SEMAINES EN ATTENTE D'UNE **FAMILLE D'ACCUEIL,** SANS PERSONNEL POUR S'OCCUPER D'EUX,
À UN ÂGE OÙ **LE LIEN À L'AUTRE** EST DÉTERMINANT.
ILS PASSENT DE BRAS EN BRAS. ON ESSAIE DE **PRENDRE DU TEMPS** AVEC EUX...
POUR LEUR DONNER LE BIBERON, LEUR PARLER...
IL FAUDRAIT DES **GENS AFFECTÉS** À LEUR SERVICE.

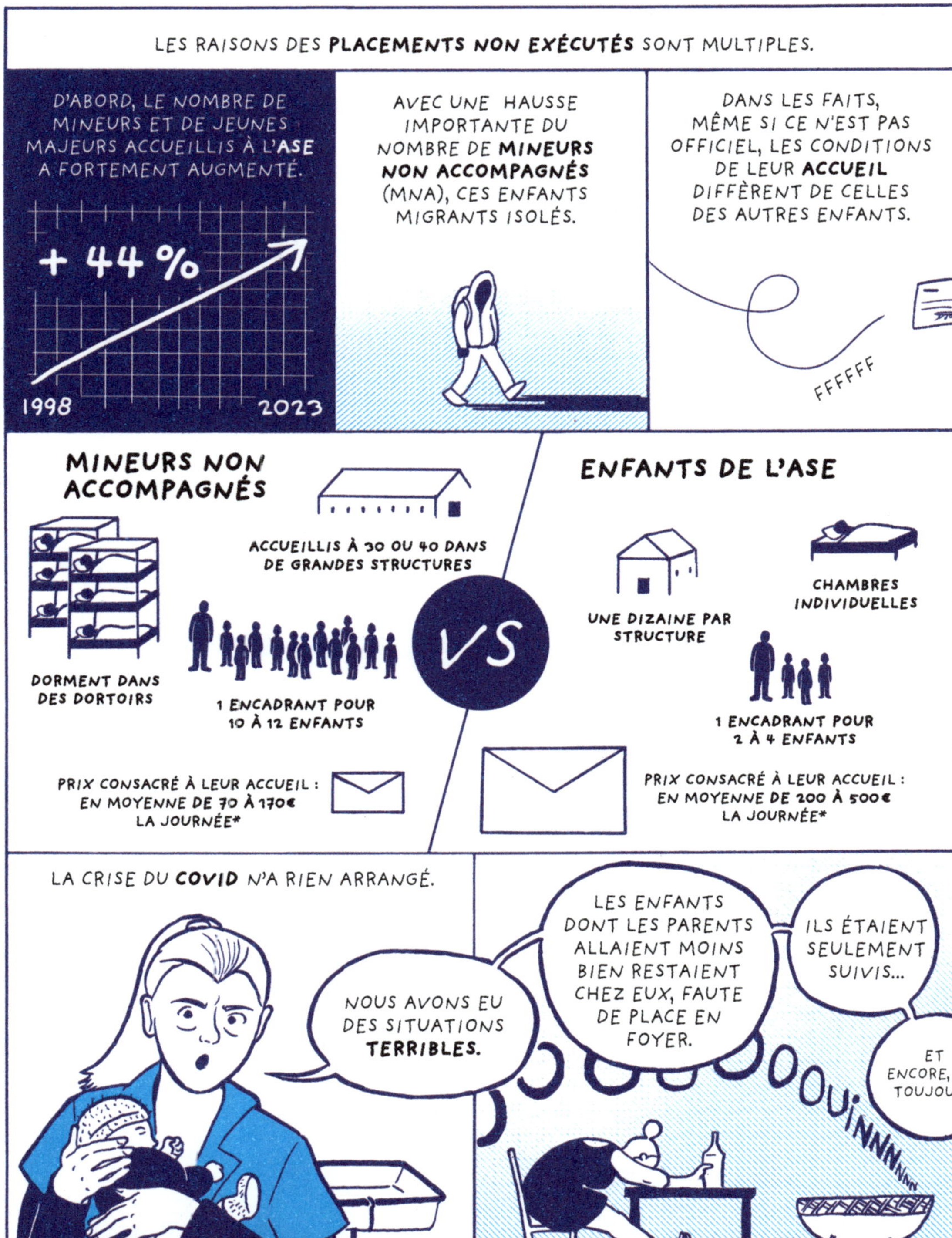

* Estimations établies avec plusieurs chefs de structures en Loire-Atlantique.

UNE **MAISON D'ENFANTS À CARACTÈRE SOCIAL (MECS)** — EN D'AUTRES TERMES, UN FOYER — A OUVERT EN AVRIL 2024 POUR PALLIER CE DÉFICIT DE PLACES.
LES ENFANTS QUI ARRIVENT ICI SONT SOUVENT **TRÈS DÉGRADÉS.**
QUAI ÉOLE À PAIMBŒUF, EN LOIRE-ATLANTIQUE
ON ATTEND TROP LONGTEMPS POUR LES PLACER. ON PART DE LOIN POUR **REMONTER LA PENTE.**
L'ACCOMPAGNEMENT NÉCESSAIRE N'EST PLUS LÀ.
ON MANQUE CRUELLEMENT DE **PÉDOPSYCHIATRES.** IMPOSSIBLE D'AVOIR UN RENDEZ-VOUS !
SYLVIE BABIN, DIRECTRICE DE LA MECS, TRAVAILLE DANS LE SECTEUR DEPUIS DOUZE ANS
LES DÉPARTEMENTS GÈRENT LES FOYERS D'URGENCE MAIS DÉLÈGUENT GÉNÉRALEMENT LES **PLACEMENTS.**
ASE
ICI, L'ASSOCIATION **LINKIAA** EN EST CHARGÉE.
MENU
ELLE GÈRE LE **LIEU,**
ELLE SUIT UNE QUARANTAINE D'ENFANTS PLACÉS EN **FAMILLES D'ACCUEIL,**
AINSI QUE **147 MESURES EN MILIEU OUVERT.**

LA **MECS** ACCUEILLE VINGT-DEUX ENFANTS DE 4 À 13 ANS.
AVANT, CE BATÎMENT APPARTENAIT À L'**ÉGLISE** ET HÉBERGEAIT DES ORPHELINES.
IL A ÉTÉ **LÉGUÉ À LA COMMUNE** EN 1865 PAR L'ABBÉ BENOÎST,
À CONDITION QU'IL RESTE UN **LIEU CONSACRÉ** À L'ACCUEIL D'ENFANTS.
LA PROTECTION DE L'ENFANCE A REÇU **BEAUCOUP DE LEGS** DE LA PART DE L'ÉGLISE OU DE RICHES DONATEURS.
CHÂTEAUX
LIEUX PATRIMONIAUX
ANCIENS COUVENTS
NOUS AVONS TOUT **RÉNOVÉ**.
LES ENFANTS ONT CHACUN LEUR CHAMBRE.
DES LIEUX PAS TRÈS ADAPTÉS À **L'ACCUEIL DU PUBLIC !**
LES PARENTS DES JEUNES PLACÉS VIENNENT PARFOIS **PASSER LA NUIT**.
BONJOUR SYLVIE !
ON LES ACCUEILLE EN FACE, DANS CES APPARTEMENTS.
TOUS LES DEUX ANS, LE JUGE PEUT DÉCIDER D'UN **RETOUR** DANS LES FAMILLES.

MAIS LA PLUPART DES ENFANTS RESTENT LONGTEMPS CHEZ NOUS ...
SIX OU SEPT ANS.
C'EST LE CAS DE **JULIE***, QUI IRA L'AN PROCHAIN DANS UN **FOYER D'ADOS** À SAINT-NAZAIRE.
L'ATTACHEMENT EST FORT, BIEN SÛR.
MAIS PARFOIS, LES ENFANTS SONT TROP **DIFFICILES.**
NOUS AVONS BEAUCOUP DE MAL À RECRUTER, SURTOUT EN CDI.
« SALLE D'APAISEMENT » : PIÈCE MATELASSÉE OÙ L'ENFANT EN CRISE PEUT DÉCOMPENSER EN SÉCURITÉ.

* Union nationale interfédérale des œuvres et organismes privés non lucratifs sanitaires et sociaux.

« CE SONT DES BOMBES À RETARDEMENT ! »
PAUL* N'A MÊME PAS EU LA CHANCE D'UN AIRBNB.
ÇA A DURÉ DEUX MOIS, DANS UN CAMPING.
UN ÉDUCATEUR ME RENDAIT VISITE DEUX À TROIS FOIS PAR SEMAINE.
PARFOIS, ON ALLAIT À LA PLAGE..
ON ALLAIT FAIRE DES COURSES ENSEMBLE.
MAIS JE NE SORTAIS PAS TROP.
DEPUIS, JE SUIS RETOURNÉ EN APPARTEMENT.
BONJOUR.
MARWAN, LUI, EST RESTÉ DANS SON AIRBNB PLUSIEURS MOIS, MALGRÉ SON JEUNE ÂGE.
C'EST MOI QUI PASSE LA MATINÉE AVEC TOI AUJOURD'HUI.
J'AIME PAS LES CÉRÉALES.
C'EST TRISTE MAIS À L'ASE, J'AI DÉCOUVERT DES ENFANTS SDF À 10 OU 11 ANS.
MARWAN EST UN DES NOMBREUX ENFANTS DE L'AIDE SOCIALE À L'ENFANCE QUE J'AI RENCONTRÉS.
UN ENFANT NE PEUT PAS BIEN SE CONSTRUIRE S'IL SE RETROUVE AVEC QUELQU'UN DE DIFFÉRENT CHAQUE JOUR.
MAËLLE*, TRAVAILLEUSE SOCIALE

DÉBUT 2024, EN LOIRE-ATLANTIQUE, **PLUSIEURS SITUATIONS ALERTENT** LES PROFESSIONNELS.

ROSE*, 16 ANS
EMBARQUÉE DANS DES
RÉSEAUX DE PROSTITUTION

Elle est accueillie en appartement parce qu'elle ne supporte plus le collectif trop pesant.

KYLIAN*, 15 ANS
VIOLENT AVEC DES
PULSIONS SEXUELLES

Il ne peut être accueilli en collectif. Il est logé dans une maison, louée pour lui, avec un aménagement sommaire et une équipe d'intérimaires.

MAX*, 2 ANS
DORT SUR UN MATELAS
AU SOL DANS UNE
POUPONNIÈRE DU CENTRE
DÉPARTEMENTAL ENFANTS
ET FAMILLE (CDEF)
EN SUREFFECTIF

MEHDI*, 10 ANS
ARRIVÉ EN URGENCE APRÈS
UNE ORDONNANCE DE
PLACEMENT PROVISOIRE

Il est accueilli dans un groupe d'enfants en tension et fugue dès son arrivée pour rejoindre son domicile où il subit les coups de son beau-père.

DANS LA PROTECTION DE L'ENFANCE, ON TROUVE DU PERSONNEL **TRÈS ENGAGÉ.**
ALORS CE GENRE DE SITUATIONS GÉNÈRE BEAUCOUP DE **CULPABILITÉ** POUR LES ÉQUIPES.
« ELLES FONT LEUR MÉTIER PAR CONVICTION, MAIS ELLES SONT **À BOUT DE SOUFFLE.**
J'AI LA **MISSION** D'ACCUEILLIR LES JEUNES !
MAIS SANS POUVOIR LEUR OFFRIR UN ACCUEIL DE QUALITÉ...
ELLES SONT PRISES DANS DES **INJONCTIONS CONTRADICTOIRES.** »
DES **AGENCES D'INTÉRIM** SPÉCIALISÉES DANS LA PROTECTION DE L'ENFANCE ET LE MÉDICO-SOCIAL SE SONT DÉVELOPPÉES DEPUIS LA CRISE DU COVID.
ELLES CHERCHENT À ÊTRE **LUCRATIVES**, PARFOIS AU DÉTRIMENT DE LA QUALITÉ DU SERVICE.
COMME POUR LES CRÈCHES OU LES MAISONS DE RETRAITE, C'EST LA **MAINMISE DU SECTEUR MARCHAND** SUR DES SECTEURS SENSIBLES.
ON AURA TOUJOURS BESOIN DE **L'INTÉRIM** !
MAIS IL FAUT **L'ENCADRER.**
ON Y DÉPENSE UN ARGENT FOU ALORS QUE LES ENFANTS ONT BESOIN DE CE BUDGET POUR ÊTRE MIEUX PRIS EN CHARGE.
ETTIC
ETTIC ?
ET TAC, T'AS UN JOB ETHIQUE !
POUR Y REMÉDIER, L'AGENCE D'INTÉRIM **ETTIC** A ÉTÉ CRÉÉE PAR UN COLLECTIF D'ASSOCIATIONS DU SOCIAL ET MÉDICO-SOCIAL, SOUS LA FORME D'UNE **COOPÉRATIVE NON LUCRATIVE** EN PAYS DE LA LOIRE ET EN ÎLE-DE-FRANCE.

NÉANMOINS, LES **INTÉRIMAIRES** RESTENT DES PERSONNES **PAS OU PEU FORMÉES** POUR LA PLUPART.
LIVREUR
ACCUEIL
GARDIEN
PARFOIS SANS **AUCUNE EXPÉRIENCE** AVEC LES ENFANTS.
J'AI VU DES **ANCIENS VIDEURS DE BOÎTE DE NUIT** DEVENIR VEILLEURS DE NUIT ET SE RELAYER AUPRÈS D'ENFANTS DIFFICILES.
OUIIINNN !
?
EN INTÉRIM, ON A UNE PLUS GRANDE LIBERTÉ DE PLANNING,
MAIS JE ME SUIS RETROUVÉE DANS DES FOYERS OÙ IL N'Y AVAIT QUE
DES **REMPLAÇANTS** ET DES **INTÉRIMAIRES** !
AMANDINE, T'AS UNE MINUTE ?
AMANDINE*, 33 ANS, TRAVAILLE DEPUIS DEUX ANS EN INTÉRIM POUR L'ASE
« NOUS N'AVIONS **AUCUN CADRE,** PARFOIS PAS DE CHEF DE SERVICE SUR PLACE. »
TU PEUX ME REMPLACER DIMANCHE ?
AAAAAAAAARRRGHHHHH
C'EST QUOI CE BAZAR ?!
C'EST PAS MOI !
« LE CLIMAT ÉTAIT **FLIPPANT.** NOUS N'ARRIVIONS PAS À PRENDRE SOIN DES ENFANTS. »

POP
« CERTAINS ÉTAIENT EN **DÉCROCHAGE** SCOLAIRE MAIS IMPOSSIBLE DE LES RAMENER À L'ÉCOLE. »
« NOUS AVIONS DES GAMINES QUI SE **PROSTITUAIENT,** QUI COMMENÇAIENT À RECRUTER AUTOUR D'ELLES. »
DES PROBLÉMATIQUES SUPER **COMPLIQUÉES** À GÉRER !
AAARRGGH
ON FINISSAIT PAR PERDRE PATIENCE.
J'AI DÛ PARTIR, POUR PRÉSERVER MA SANTÉ.
ET PUIS, CE NE SONT PAS MES **VALEURS.**
DEPUIS, AMANDINE A TROUVÉ UN FOYER QUI LUI CONVIENT, AVEC UNE ÉQUIPE ET UNE DIRECTION MOBILISÉES, UNE LIGNE **COHÉRENTE.**
CHARTE
1
2
3
4
5
UNE HISTOIRE, ET AU LIT !
IL ÉTAIT UNE FOIS...
ELLE ESPÈRE Y ÊTRE EMBAUCHÉE EN **CDI.**

À REPAIRS! 44, À NANTES, ON NE CESSE DE DÉNONCER LES CONDITIONS D'ACCUEIL DES ENFANTS PLACÉS.
CETTE ASSOCIATION RÉUNIT DES ANCIENS DE L'ASE, POUR LES AIDER DANS LEURS DÉMARCHES ET LES ÉPAULER DANS LEUR VIE DE TOUS LES JOURS.
COMME UNE FAMILLE !
C'EST DE LA PAIR-AIDANCE.
L'ASSOCIATION A ÉTÉ CRÉÉE PAR ET POUR LES PERSONNES DE L'ASE.
C'EST PLUS SIMPLE DE PARLER DE SES SOUCIS AVEC DES GENS QUI ONT UN VÉCU SIMILAIRE.
ON EST MOINS ISOLÉ.
ALISSA DENISSOVA, PRÉSIDENTE ET COFONDATRICE DE REPAIRS! 44
BONSOIR !
DÉSOLÉE DU RETARD...
CE MERCREDI, C'EST LA SOIRÉE « LES PIEDS DANS LE PLAT », OÙ L'ON SE RETROUVE POUR CUISINER ET DÎNER ENSEMBLE.
J'AIME LES SURIMIS ET LA SAUCE ALGÉRIENNE.
MOI, J'ADORE PATINER ET LES JEUX VIDÉO.
J'AIME M'ENGAGER ET LE MILITANTISME.
MÉDINA
YASMINA
ENZO
ALIX
À L'APÉRO, TOUT LE MONDE SE PRÉSENTE.
ALISSA
DJAÏSON
LUCILE
ADRIEN
ET MOI, FAIRE LA FÊTE.

« ON MET NOS RESSOURCES ET NOS GALÈRES **EN COMMUN**. »
J'AI ENCORE RATÉ MON PERMIS...
MOI, JE L'AI RATÉ TROIS FOIS !
« LES **BESOINS** PEUVENT ÊTRE MATÉRIELS, PSYCHOLOGIQUES, AMICAUX. »
MA DEMANDE DE DOSSIER ADMINISTRATIF TRAÎNE DEPUIS DES MOIS.
MOI, J'AI RAMENÉ MES FESSES À L'**ASE** DIRECT POUR CONSULTER LE MIEN COMME RIEN N'AVANÇAIT.
EN L'OUVRANT, J'AI APPRIS **POURQUOI J'AI ÉTÉ PLACÉE.**
MA MÈRE AVAIT DES PATHOLOGIES, MON PÈRE AVAIT FAIT UN AVC.
ÇA M'A PERMIS DE SAVOIR D'OÙ JE VENAIS ET D'ALLER DE L'AVANT...
MÊME SI CE N'EST PAS NOTRE DOSSIER QUI NOUS DÉFINIT !
C'EST UN MOMENT CRUCIAL. LE DOSSIER PERMET DE **METTRE DE L'ORDRE** DANS SON HISTOIRE PERSONNELLE.

* Familles qui accueillent des enfants temporairement, notamment sur des temps de vacances.

« CERTAINS SONT DANS UNE DÉTRESSE ABSOLUE.
LE TRAUMATISME LES SUIT TOUTE LEUR VIE. »
IL SUFFIT DE REGARDER LES CHIFFRES.
SANS-ABRI
NÉS EN FRANCE
26%
ANCIENS ENFANTS DE L'ASE
« Aux portes de la rue », fondation Abbé Pierre (2019).
À REPAIRS! 44, LA MOITIÉ DE NOS ADHÉRENTS SONT À LA RUE, OU SANS DOMICILE FIXE.
ÇA M'ALERTE ET ÇA M'OCCUPE...
TOUTE LA JOURNÉE !
MÊME SI NOUS AVONS AUSSI DES JEUNES QUI S'EN SORTENT.
L'UN D'ENTRE EUX FAIT SCIENCES PO.
UN AUTRE A MONTÉ SON ENTREPRISE DE SERRURERIE.
ALISSA ?!
« LA FIN DE LA PRISE EN CHARGE EST TELLEMENT ABRUPTE. »

EN MOYENNE, UN JEUNE SORT **À 19 ANS** DE LA PROTECTION DE L'ENFANCE,
CONTRE UN ÂGE MOYEN DE DÉPART DU DOMICILE PARENTAL À **24 ANS.**
EN THÉORIE,
LE **CONTRAT JEUNE MAJEUR**
DURE JUSQU'À SES 21 ANS.
IL LUI PERMET UNE **PRISE EN CHARGE** ET UN **ACCOMPAGNEMENT** QUI PEUT PRENDRE PLUSIEURS FORMES :
SOUTIEN ÉDUCATIF
SOUTIEN PSYCHOLOGIQUE
HÉBERGEMENT
ALLOCATION FINANCIÈRE
EN RÉALITÉ, CE CONTRAT S'ARRÊTE SOUVENT AVANT, FAUTE DE MOYENS.
LE JEUNE DOIT ALORS TROUVER UN **TRAVAIL,** UN **LOGEMENT...**
VOUS AVEZ UN GARANT ?
DANS 70% DES CAS, IL N'A **PAS DE DIPLÔME.**
MERCI, ON VOUS RAPPELLERA.
IL EST **LIVRÉ À LUI-MÊME.**
C'EST LA LIGNE DROITE **VERS LA RUE.**
MOI-MÊME, J'AI ÉTÉ À LA RUE **À 19 ANS.**

« J'AI PU TROUVER UN **SERVICE CIVIQUE** DANS UN THÉÂTRE. »
BIENVENUE **ALISSA !**
ENTRÉE DE SERVICE
« PUIS Y ÊTRE **EMBAUCHÉE** PENDANT TROIS ANS. »
CONTRAT DE LOCATION
Alissa
« CETTE RENCONTRE **M'A SAUVÉE.** »
MAIS TOUS N'ONT PAS AUTANT DE **CHANCE.**
DÉNONÇANT **« L'ÉTAT DE DÉLABREMENT INADMISSIBLE »** DE LA MISSION, LA COMMISSION D'ENQUÊTE SUR LA PROTECTION DE L'ENFANCE A FORMULÉ, EN AVRIL 2025, **QUATRE-VINGT-DOUZE MESURES.**
PARMI ELLES, DES TAUX D'ENCADREMENT DANS LES STRUCTURES D'ACCUEIL, PLUS DE MOYENS POUR LA JUSTICE DES MINEURS, LA PRÉVENTION DANS LES FAMILLES ET LA RÉMUNÉRATION DES PROFESSIONNELS. **POUR QUE L'ÉTAT CESSE D'ÊTRE « LE PREMIER PARENT DÉFAILLANT DE FRANCE ».**

La « Grande Guerre » marquera un autre tournant pour l'institution, avec l'accueil temporaire d'enfants.

« Le XIXe siècle a structuré la protection de l'enfance »

Antoine Rivière est maître de conférences en sciences de l'éducation à l'université Paris 8, spécialisé en histoire de la famille, des femmes et des enfants.

Hospices, pupilles de la nation, tour d'abandon… Mission séculaire de l'Église et de l'État, la protection de l'enfance a connu de nombreux visages avant d'en arriver à la situation d'urgence actuelle. Depuis la Révolution française, elle a connu une mutation spectaculaire, s'adaptant aux besoins de chaque époque.

Longtemps dévolue à l'Église, à quel moment la protection de l'enfance est-elle devenue une mission d'État ?

Avec la Révolution, l'idée émerge que les enfants appartiennent à leur famille, mais également à la communauté nationale. Ces grands principes vont se concrétiser au cours du XIXe siècle. En 1811, un décret napoléonien fixe les catégories concernées : les orphelins, les enfants trouvés. Dans chaque département, un hospice dépositaire, souvent religieux, est créé et doté en partie par l'État. Les pupilles sont ensuite confiés à des familles nourricières, issues de la paysannerie modeste. On ne se soucie alors pas de leur instruction. Ils sont mis au travail très tôt, dans l'agriculture, ou à disposition de la marine de guerre, comme mousse dès 13 ans.

Le XIXe siècle est une période cruciale ?

Oui, il va structurer la protection de l'enfance telle qu'on la connaît aujourd'hui. Très vite, un débat s'élève pour savoir quelle catégorie d'enfants prendre en charge. Les pouvoirs publics se méfient, ils craignent d'être « utilisés » par les plus pauvres qui leur confieraient leurs bébés dans l'idée de les récupérer une fois en âge de travailler. C'est à cette époque qu'est généralisé le « tour d'abandon ». Apparu au Moyen Âge, ce cylindre en bois pivotant est installé dans les murs des hospices. Il est censé garantir l'anonymat pour déposer un enfant et éviter toutes retrouvailles. Puis il est remplacé par le bureau d'admission, où les parents peuvent déposer leur enfant, mais aussi se voir proposer des secours afin d'éviter l'abandon.

Très vite, un débat s'élève pour savoir quels enfants prendre en charge

Le profil des enfants recueillis va lui aussi évoluer ?

À la fin du XIXe siècle, la dénatalité inquiète. On craint que la France ne disparaisse. La protection va s'étendre à d'autres catégories juvéniles, en particulier aux enfants maltraités. En 1889, une loi permet ainsi de prononcer la « déchéance paternelle ». Avant, le père avait toute autorité sur son enfant. La prise en charge ne concerne plus uniquement les enfants abandonnés, mais aussi ceux « moralement abandonnés », c'est-à-dire dont l'éducation des parents est accusée de porter atteinte à leur santé, à leur sécurité ou à leur moralité. Au début, ces enfants ne sont pas nombreux. Fin XIXe, sur les 20 000 abandonnés par an, en majorité par des mères célibataires, ils sont seulement quelques centaines à avoir ce profil.

Puis, au XXe siècle, le nombre d'enfants abandonnés décroît…

Cela commence même dès la fin du XIXe, avec le recul relatif de la misère et le développement, très lent, des lois sociales. Cette diminution se poursuivra plus tard avec la contraception, l'avortement et l'évolution du regard porté sur la maternité hors mariage. Mais les admissions temporaires vont ralentir le mouvement. Avec la mobilisation de la Première Guerre mondiale, l'Assistance publique va proposer des prises en charge courtes, afin d'éviter les abandons. Cela fonctionne plutôt bien, dans le sens où les enfants sont repris par leur famille après le conflit, et l'habitude va rester. En conséquence, le profil des enfants évolue. Ce ne sont plus des bébés, mais parfois de grands enfants, ou des adolescents difficiles. Dans les archives des années 1940, on retrouve déjà des témoignages de personnel dépassé par ce nouveau public, des jeunes fugueurs, des délinquants, considérés comme pervertis par leur milieu d'origine et « inéducables ».

PROPOS RECUEILLIS PAR MARINE DUMEURGER

À côté des tours d'abandon des hospices, une cloche permettait d'avertir les gardiens de la présence d'un nourrisson.

© PATRICE CARTIER / BRIDGEMAN IMAGES

À écouter

Par elles-mêmes, **de Judith Bordas et Annabelle Brouard. Une plongée intime d'une année dans un foyer pour jeunes filles de l'Aide sociale à l'enfance à Lyon, nourrie par les textes des premières concernées.**
Radio France, 58 min (2023).

MI-TEMPS

Hockey subaquatique. En 1954, des plongeurs en mer anglais inventaient l'octopush pour passer le temps au fond de la piscine durant l'hiver. Un sport sous-marin collectif était né, revisité à Chicago quelques années plus tard.

SIMON CHAPELAIN

ON VA FAIRE UN POINT SUR LE MATOS.
VU QU'IL NE FAIT PAS CHAUD CHAUD, ON VA ESSAYER DE FAIRE VITE.
1 - UN BONNET (AVEC DES PROTÈGE-OREILLES). IL SERT À DISTINGUER LES MEMBRES DE SON ÉQUIPE DES ADVERSAIRES. IL EXISTE EN NOIR OU EN BLANC...
... OU EN ROUGE, POUR LES ARBITRES ET LES DÉBUTANTS AUTEURS DE BD.
2 - UN MASQUE.
3 - UN TUBA. IL PERMET AUX JOUEURS DE GARDER LA TÊTE SOUS L'EAU LORSQU'ILS REMONTENT CHERCHER DE L'AIR ET AINSI DE CONTINUER À SUIVRE LE JEU.
LE TUBA EST ÉQUIPÉ D'UN PROTÈGE-DENTS.
4 - UN GANT, ENFILÉ SUR LA MAIN QUI TIENT LA CROSSE. IL EMPÊCHE DE S'ARRACHER LA PEAU LORSQUE LA MAIN RACLE LE FOND DE LA PISCINE.
5 - UNE CROSSE (EN NOIR OU EN BLANC, COMME LE BONNET).
6 - UNE PAIRE DE PALMES.
À SES DÉBUTS, UNE DES VERSIONS DU SPORT ÉQUIPAIT SES JOUEURS DE SCAPHANDRES AUTONOMES ET DE CROSSES LONGUES DE HOCKEY.
MAIS, AU FIL DES ANNÉES, CES ÉQUIPEMENTS ONT ÉTÉ ABANDONNÉS AU PROFIT DE CEUX ACTUELS, PERMETTANT UN JEU PLUS DYNAMIQUE.
ALLEZ ! À LA FLOTTE !

SPLASH
IL FAIT MEILLEUR ICI...
ON COMMENCE PAR DES LONGUEURS DE NAGE.
D'ABORD EN SURFACE,
PUIS EN APNÉE.
ET LÀ, J'AI CAPTÉ UN TRUC...
JE NE SAIS PAS ME SERVIR D'UN TUBA.
DE RETOUR EN SURFACE APRÈS UNE PREMIÈRE APNÉE, IL FAUT RÉUSSIR À EXPULSER L'EAU DU TUBA EN SOUFFLANT.
CE N'EST PAS TANT UNE QUESTION D'EXPULSER BEAUCOUP QUE D'EXPULSER FORT.
IL FAUT QUE TU METTES UN MAX DE PRESSION.
ALLEZ, UN MAX DE PRESSION !
SOUFFLE
LA TECHNIQUE N'EST PAS MAÎTRISÉE...
TANT PIS, JE DEVRAIS POUVOIR M'EN SORTIR SANS POUR UNE INITIATION.
ÇA, C'EST LE FAMEUX PALET.
IL FAIT ENVIRON 1,5 KG !
COMME ÇA, IL COULE...

ON COMMENCE À MANIPULER LE PALET. LA CROSSE EST CONSTITUÉE DE DEUX PARTIES AYANT CHACUNE UN USAGE SPÉCIFIQUE.
L'AVANT BISEAUTÉ PERMET DE FAIRE AVANCER LE PALET EN LE POUSSANT DEVANT SOI.
TANDIS QUE LE CROCHET PERMET DE LE RAMENER EN ARRIÈRE, NOTAMMENT POUR ESQUIVER UNE TENTATIVE D'INTERCEPTION ADVERSE.
ON FAIT QUELQUES PASSES TOUT EN AVANÇANT. L'OBJET EST LOURD ET L'EAU FREINE SA PROGRESSION.
MORGANE ME MONTRE AUSSI QU'AVEC UNE PETITE PIROUETTE DE LA MAIN, ON PEUT LE FAIRE DÉCOLLER DU SOL ET EFFECTUER UN TIR.
UN PROJECTILE DE 1,5 KG... JE COMPRENDS SOUDAINEMENT L'OBLIGATION DE PORTER UN PROTÈGE-DENTS !
C'EST BIEN, T'AS LES BASES ! ON PASSE AU JEU ?
ON PEUT COMMENCER PAR UN PETIT 2V2.
CONCENTRÉ À BIEN EXÉCUTER LES GESTES, J'AVAIS PRESQUE OUBLIÉ QU'IL ALLAIT FALLOIR LES METTRE EN PRATIQUE DANS UN JEU...
DE TOUTE FAÇON, TU VAS VOIR, DANS L'ACTION, TU VAS FAIRE N'IMPORTE QUOI.

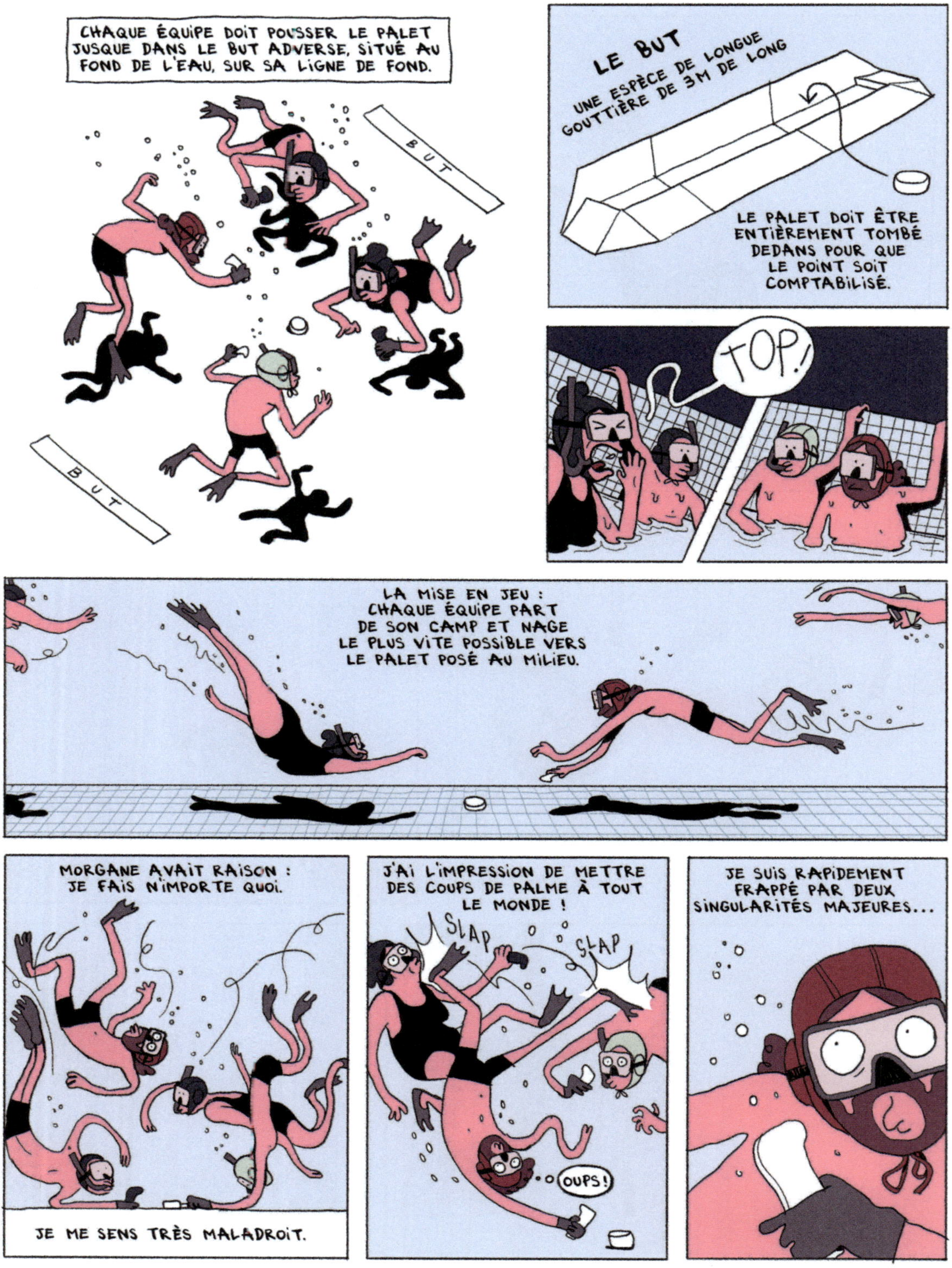
CHAQUE ÉQUIPE DOIT POUSSER LE PALET JUSQUE DANS LE BUT ADVERSE, SITUÉ AU FOND DE L'EAU, SUR SA LIGNE DE FOND.
BUT
BUT
LE BUT
UNE ESPÈCE DE LONGUE GOUTTIÈRE DE 3M DE LONG
LE PALET DOIT ÊTRE ENTIÈREMENT TOMBÉ DEDANS POUR QUE LE POINT SOIT COMPTABILISÉ.
TOP !
LA MISE EN JEU : CHAQUE ÉQUIPE PART DE SON CAMP ET NAGE LE PLUS VITE POSSIBLE VERS LE PALET POSÉ AU MILIEU.
MORGANE AVAIT RAISON : JE FAIS N'IMPORTE QUOI.
JE ME SENS TRÈS MALADROIT.
J'AI L'IMPRESSION DE METTRE DES COUPS DE PALME À TOUT LE MONDE !
SLAP
SLAP
OUPS !
JE SUIS RAPIDEMENT FRAPPÉ PAR DEUX SINGULARITÉS MAJEURES...

*TERME FAMILIER POUR "NOVICE".

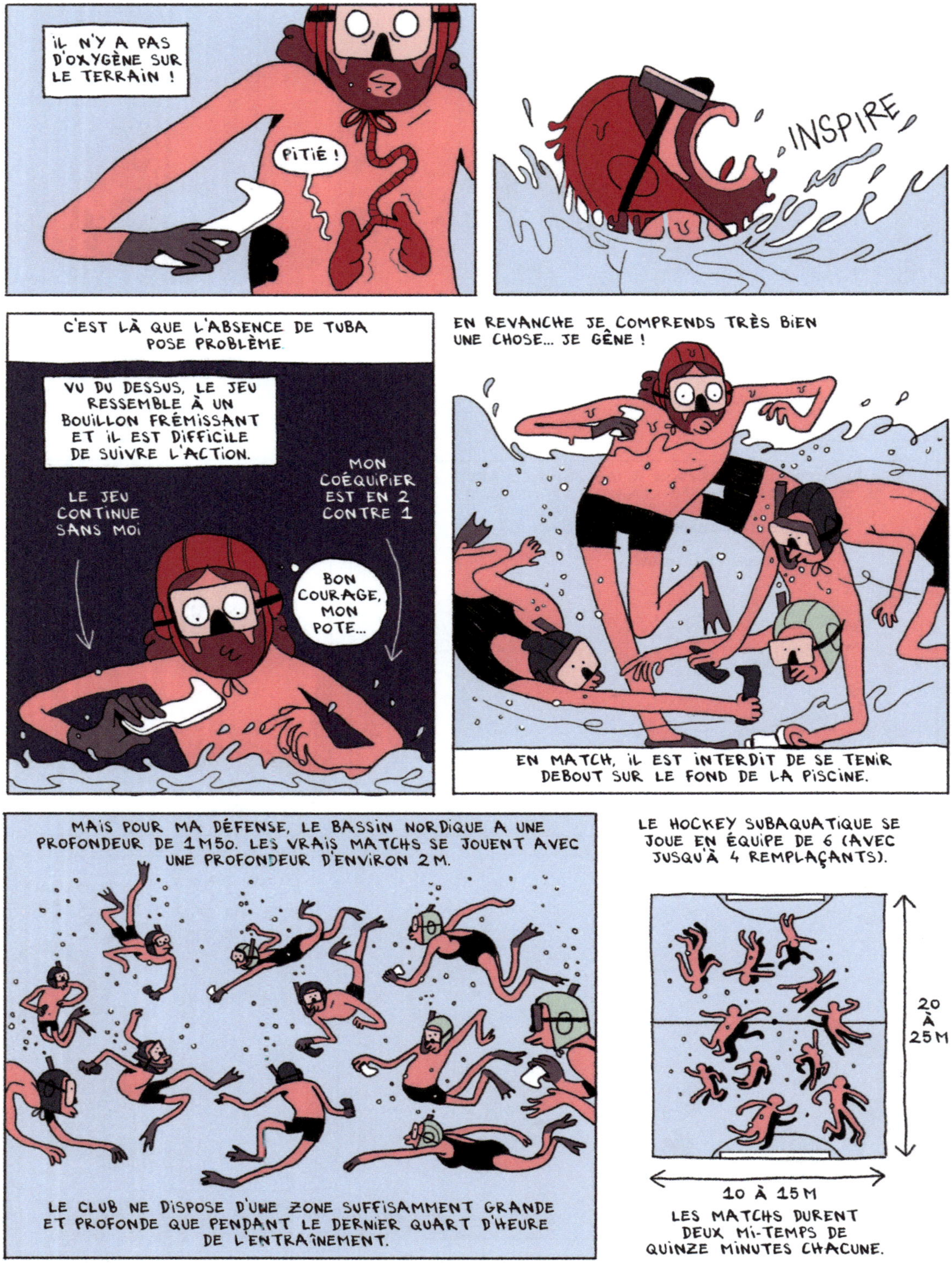
IL N'Y A PAS D'OXYGÈNE SUR LE TERRAIN !
PITIÉ !
INSPIRE
C'EST LÀ QUE L'ABSENCE DE TUBA POSE PROBLÈME.
VU DU DESSUS, LE JEU RESSEMBLE À UN BOUILLON FRÉMISSANT ET IL EST DIFFICILE DE SUIVRE L'ACTION.
LE JEU CONTINUE SANS MOI
MON COÉQUIPIER EST EN 2 CONTRE 1
BON COURAGE, MON POTE...
EN REVANCHE JE COMPRENDS TRÈS BIEN UNE CHOSE... JE GÊNE !
EN MATCH, IL EST INTERDIT DE SE TENIR DEBOUT SUR LE FOND DE LA PISCINE.
MAIS POUR MA DÉFENSE, LE BASSIN NORDIQUE A UNE PROFONDEUR DE 1M50. LES VRAIS MATCHS SE JOUENT AVEC UNE PROFONDEUR D'ENVIRON 2 M.
LE CLUB NE DISPOSE D'UNE ZONE SUFFISAMMENT GRANDE ET PROFONDE QUE PENDANT LE DERNIER QUART D'HEURE DE L'ENTRAÎNEMENT.
LE HOCKEY SUBAQUATIQUE SE JOUE EN ÉQUIPE DE 6 (AVEC JUSQU'À 4 REMPLAÇANTS).
20 À 25M
10 À 15M
LES MATCHS DURENT DEUX MI-TEMPS DE QUINZE MINUTES CHACUNE.

*LIRE À CE SUJET LES CHRONIQUES MI-TEMPS DE NOS NUMÉROS #35 ET #21.

ABSENTS À L'APPEL

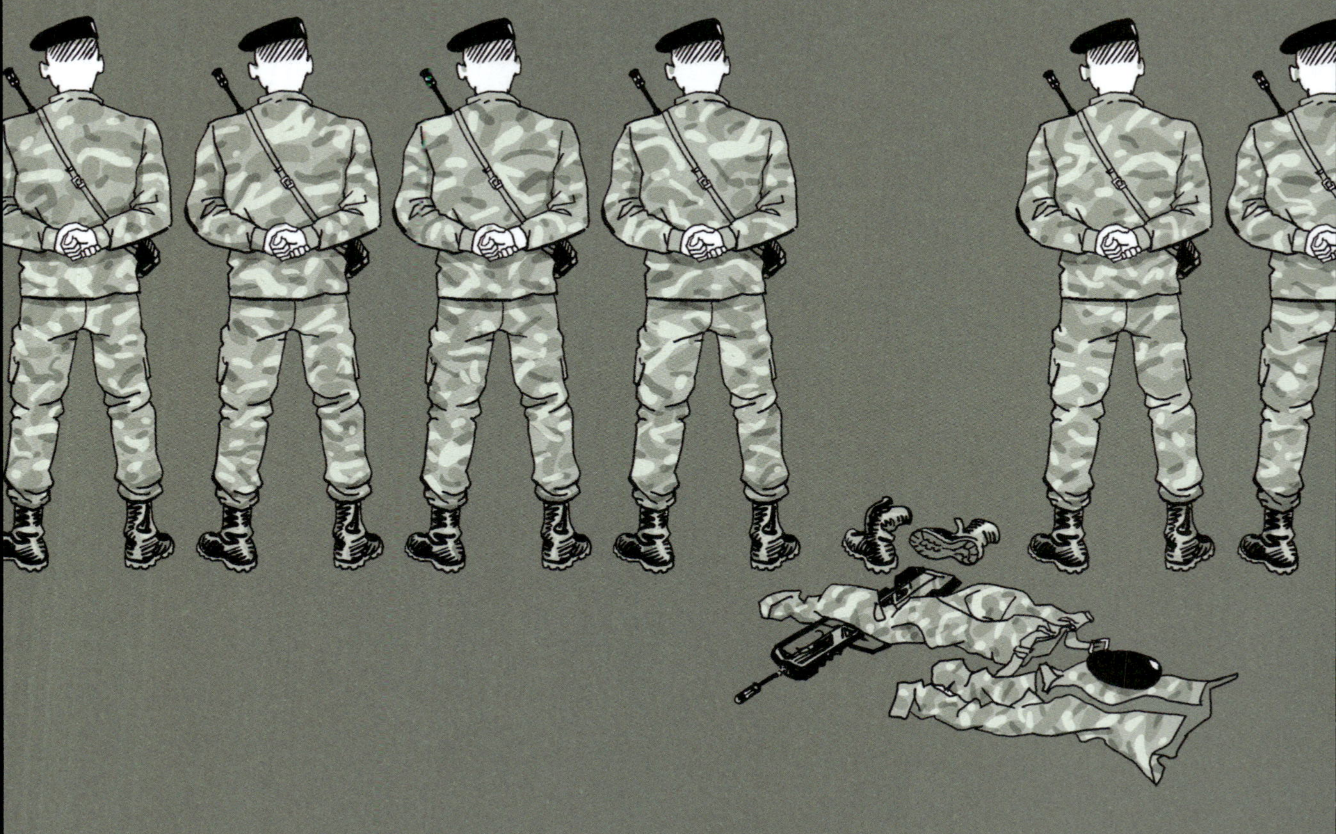

« Engagez-vous, rengagez-vous, qu'ils disaient... », soupiraient les légionnaires romains d'*Astérix,* en détournant ironiquement un slogan de recrutement des troupes coloniales françaises. De nos jours, plus d'un millier de soldats regrettent chaque année leur choix de carrière au point de déserter. Ces abandons de poste révèlent la difficulté de l'armée à garder ses jeunes recrues, alors même que l'heure est à l'effort militaire face à la menace russe.

FERIEL ALOUTI **CHAVANT**

Axel, 26 ans, est l'un des premiers appelés à la barre.
Le 26 février 2024, vous avez quitté la base aérienne d'Istres après un arrêt de travail de trois mois pour dépression.
Thierry Bonifay, président de la chambre des affaires pénales militaires
Pendant plusieurs années, vous avez pourtant donné satisfaction dans votre emploi. Que faites-vous aujourd'hui ?
Je suis facteur en Belgique, en intérim.
Vous aviez d'autres opportunités que d'intégrer l'armée pour financer vos études de journalisme. Est-ce qu'on est allé vous chercher pour signer un engagement ?
Je vous rappelle que la peine encourue pour désertion en temps de paix est de trois ans de prison.
J'insiste sur un point. Mon client a voulu faire les choses dans les formes, il a demandé une résiliation de son contrat mais sa demande n'a pas été agréée par le ministère.
Je demande une dispense de peine.

Monsieur, avez-vous quelque chose à ajouter ?
J'ai bien conscience de l'acte que j'ai commis, de sa gravité et de ses conséquences. Si je l'ai fait, c'est parce que je n'avais pas le choix. Rester aurait aggravé mon état psychologique.
Le cas d'Axel est traité en moins de dix minutes. C'est au tour d'Hugo, 23 ans, d'écouter le président reprendre les éléments recueillis au cours de son audition par les gendarmes.
Vous avez dit que vous étiez passionné par l'armée et que vous rêviez de faire une formation en génie militaire. C'est ce que vous avez fait en intégrant le 25e régiment du génie de l'air à Istres.
Vous avez dit que votre caporal vous a rapidement «mis la pression».

Une fois, vous avez pris un véhicule sans regarder le niveau d'essence.
VRRRRRR...
VVRRTEUF RRTEUF
Pourquoi on s'arrête ? Qu'est-ce qu'il se passe ?
Je crois que nous sommes en panne d'essence, mon caporal.
Mais quel connard !
Je vais te casser la gueule !
Après ça, vous avez voulu quitter l'armée à l'amiable mais on vous a fait comprendre que ce n'était pas possible. L'armée était pour vous «un rêve», le caporal vous a «dégoûté».
Comme dans la plupart des dossiers, les accusations ne reposent que sur du déclaratif. Vous ne fournissez aucune trace de la pression exercée par le caporal.
Ahmed Chafaï, procureur
Je demande quatre mois avec sursis.

Sauf exception, une recrue doit respecter son engagement jusqu'à la fin de son contrat. Au-delà d'une période probatoire de six mois, elle ne peut le résilier sans avoir obtenu l'agrément du ministère.
Comme Axel et Hugo, chaque année, plusieurs centaines de soldats désertent les rangs de l'armée française.
Selon des chiffres de la division des affaires pénales militaires (DAPM) repris dans un rapport sénatorial de 2024, sur les cinq dernières années, ils étaient en moyenne 1440 par an.
« C'est un indicateur, sans doute imparfait, mais non négligeable, d'une certaine inadéquation de l'offre des armées et de l'attente des jeunes recrues », font valoir les sénateurs.

Avec la fin du service militaire obligatoire, en 1996, on pensait que les désertions allaient se tarir. Mais pas du tout, l'activité du parquet de Marseille est dense.
Thierry Bonifay, président de la chambre des affaires pénales militaires
Ici, on juge les militaires qui ont intégré un régiment situé dans le sud-est de la France, comme la base navale de Toulon et la base aérienne d'Istres.
Dans ce genre de dossier, ce n'est pas tant les faits qui nous intéressent - je ne vois pas comment ils pourraient nier - mais la motivation.
Il y a ceux qui profitent de leur passage à l'armée pour se former gratuitement.
Comme un plongeur à qui l'armée a enseigné la soudure sous-marine, que l'on retrouve quelques années plus tard dans le privé alors que c'est le contribuable qui a payé sa formation.

Il y a ceux qui ne supportent pas l'éloignement d'avec leurs proches.
De temps en temps, on croise aussi des sortes de Rambo déçus de ne pas être en opération.
Enfin, il y a ceux qui ont du mal avec la hiérarchie. Ils demandent une mutation qu'ils n'obtiennent pas, alors ils s'en vont.
Il y a aussi ceux qui, comme David, n'ont pas supporté la dureté du métier.
ÉCOLE DES FUSILIE
En intégrant l'armée, ce pompier volontaire ne rêvait pas tant de porter les armes que de voyager, loin si possible. Ses envies d'ailleurs l'amènent à intégrer la marine nationale en 2020.
MARINE
NATIONALE

Pendant deux ans, «tout se passe très bien». Lettres de félicitations, décorations... David se destine à une belle carrière militaire, jusqu'à ce qu'il enchaîne huit mois de mission d'affilée.
Il embarque d'abord pendant cinq mois sur une frégate de 125 mètres de long, le «Surcouf», direction le Golfe persique pour dissuader les pirates de détourner des bateaux de commerce. Les journées sont longues.
Je veux bien que l'on fasse des exercices, mais quand on s'entraîne à la même attaque de bateau trois ou quatre fois dans la journée, ça ne sert à rien.
MARINE
NATIONALE
Il passe le reste de son temps perché sur une passerelle à suivre les navires et les avions en vue.
Mécanicien d'armes, il nettoie aussi plusieurs fois par jour des pièces d'armement.

Son retour à Toulon coïncide avec un changement d'affectation.
Le voilà maintenant en Méditerranée sur le «Commandant Bouan», à surveiller les bateaux de migrants en détresse et à contrôler les navires susceptibles de transporter illégalement des armes venues de Libye.
On est parti en mission une semaine après mon retour. Je ne m'attendais pas à ce qu'on me demande de reprendre la mer aussi vite.
Autre ambiance, autre équipe. Je suis fatigué, j'ai du mal à m'adapter. Les chefs me mettent la pression parce qu'ils me trouvent mou.
MARINE NATIONALE
Au bout de quelques semaines, il demande une rupture anticipée de son contrat. Il obtient l'aval de quatre de ses supérieurs mais le commandant refuse.
La marine nationale est en déficit d'hommes. Si tout le monde faisait ça, il n'y aurait plus personne.
Mais il faut que je parte.
Si tu pars, je te pisse dessus.
MARINE NATIONALE

En octobre 2022, David profite d'un arrêt technique dans le port de Toulon pour quitter l'armée.
Après 180 jours d'arrêt maladie, il croit que son contrat a été automatiquement résilié.
DING! DONG!
Juin 2024
Bonjour, vous êtes bien David T. ?
L'armée vous recherche car vous êtes déserteur.
Un mois après, j'ai reçu une convocation pour être entendu à la gendarmerie. J'ai compris que c'était plus grave que ce que j'avais imaginé. J'ai donc pris un avocat.
À l'issue de l'audience, David a écopé d'une peine de deux mois avec sursis.
Je trouve que je m'en sors déjà bien. J'ai joué au con à partir plus tôt, il me restait dix-huit mois avant de terminer mon contrat.
Pour fixer la peine, Thierry Bonifay, le président du tribunal, ne prend pas uniquement en compte les raisons avancées, il interroge aussi les prévenus sur leur situation actuelle.
Si je vois qu'ils ne font rien de leurs journées depuis qu'ils ont quitté l'armée, je vais faire en sorte de les bouger un peu. Mais dans tous les cas je ne prononce pas de prison ferme.

1. Données obtenues auprès de chaque parquet.

Certains avocats jugent pourtant cette infraction « anachronique ».
Le texte de loi n'est plus adapté, il mériterait un assouplissement législatif afin de laisser aux militaires une porte de sortie.
C'est le cas de Daniel Ruimy, avocat à Marseille, qui défend, le jour de l'audience, un père de famille déserteur après treize ans de service.
Certains pensent pouvoir mettre un terme à ce contrat de la même manière qu'avec un CDD dans le civil.
Il faut aussi repenser la réponse pénale, un rappel à la loi serait parfois suffisant.
Une autre avocate, spécialisée dans le droit militaire, nuance :
La loi prévoit certains cas dans lesquels un militaire peut faire une demande d'agrément pour quitter les effectifs, même si en pratique, l'institution ne l'accorde pas.
C'est plus un problème d'effectivité du texte que de texte en lui-même. Les possibilités sont restreintes car l'armée est très attachée à la notion d'engagement.
Et surtout très attachée à ses nouveaux enrôlés, ayant un mal fou à les recruter.

Dans leur rapport de 2024, les sénateurs constatent que « depuis trois ans, les armées échouent à respecter le schéma d'emplois fixé en loi de finances ».
« L'année 2023 a été particulièrement difficile avec un écart de plus de 8 000 ETP (équivalents temps plein) par rapport à l'objectif de recrutement », indiquent-ils.
Autre preuve du mauvais état de santé de l'institution, les non-renouvellements de contrat ont augmenté de 70% depuis 2018. Interrogé à ce sujet, le ministère des Armées a refusé de répondre à nos questions.
Intégrer l'armée était une vocation, un rêve d'enfant. J'ai toujours aimé les armes, le sport, le combat.
Comme Lucas, certains militaires désertent parce qu'ils estiment que c'est le seul moyen d'en finir avec les violences et les discriminations dont ils se disent victimes.
À 18 ans, son bac en poche, Lucas se rend au centre d'information et de recrutement des forces armées (Cirfa) de Belfort. Quelques jours plus tard, il est envoyé à Nancy pour passer des tests psychotechniques, médicaux et sportifs.
Histoire de voir si on a la lumière à tous les étages.

À l'issue de ces tests, Lucas émet trois vœux. Le premier est accepté : il s'agit du 21e régiment d'infanterie de marine, situé à Fréjus, dont la devise est «Croche et tient». Un rêve se réalise.
Depuis vingt ans, c'est ce régiment qui ouvre les théâtres d'intervention.
Pendant six mois, Lucas fait ses classes.
On vous met dans des situations difficiles, on vous pousse à bout, vous ne dormez pas, vous mangez moins, mais je savais tout à fait à quoi m'attendre, c'est ce que je voulais.
On a commencé à 52, on a fini à 16.
Lucas termine ses classes deuxième. Il intègre l'une des quatre compagnies de combat.
Pendant trois ans, tout se passe bien. J'ai la chance d'être intégré dans une section où l'on est tous très soudés, même avec les gradés.
En 2020, alors qu'il se trouve en opération au Tchad, Lucas décide de se convertir à l'islam, une religion dans laquelle il a grandi après le remariage de sa mère.
Pendant un an et demi, ça n'a dérangé personne, mes collègues et mes supérieurs n'y voyaient aucun problème.

Jusqu'à ce qu'il soit recruté pour devenir à son tour formateur. Il tombe sur un capitaine qui perçoit dans le port de sa barbe une preuve de radicalisation.
J'ai reçu une exemption de rasage bien avant ma conversion, car j'ai des problèmes de peau depuis toujours.
Mon ancien commandant de section avait déjà insisté pour que je me rase, car c'est mal vu dans l'armée de porter la barbe, mais j'avais refusé poliment.
Il m'a donc demandé de prendre rendez-vous avec un dermatologue militaire, ce que j'ai fait. Mais entre-temps, j'ai été recruté pour devenir formateur.
Je te préviens, à partir du moment où tu vas devenir formateur dans la section que je gère, il va falloir que tu rases ta barbe.
Pourquoi ? Rien ne dit que je dois le faire !
Demain, tu viens rasé. Si ce n'est pas le cas, j'écris un rapport, et je te vire.
Quelques heures après, un collègue militaire chauffeur capte une conversation entre le capitaine et le commandant de l'unité de Lucas.
Moi, je ne veux pas d'islamistes dans mon régiment.
Des bons mecs comme ça, il ne faut pas les faire partir...

* Le numéro 2 du régiment.

Quelques jours plus tard, Lucas reçoit bien un courrier. Mais il ne s'agit pas de sa convocation. L'armée lui stipule qu'il est considéré comme déserteur.
Le lendemain, je me rends au centre de tri de la poste pour chercher une trace de cette convocation. Ils ne trouvent rien.
En septembre, Lucas est convoqué par le responsable des ressources humaines.
Si tu viens demain en treillis, on oublie tout.
Mais il refuse.
On m'a traité comme la dernière des merdes, alors que j'ai donné dix mois de ma vie tous les ans.
Ils ne méritaient pas que je fasse tout ce sacrifice.
J'avais trop de fierté, trop de principes pour aller me battre pour une institution qui ne m'accepte pas comme je suis.
À Bordeaux, au moins une dizaine de soldats déserteurs du 1er régiment de hussards parachutistes de Tarbes, engagés à différentes périodes, ont dénoncé lors de leurs procès des violences physiques, psychologiques, à caractère raciste, des humiliations et du harcèlement.
Louise Durin, avocate

On recevait des coups de matraque télescopique dans le ventre...
Au début, je me disais que c'était pour nous endurcir, mais à force j'ai vu que ça leur faisait plaisir, ils se marraient.
On nous mettait nus dans les couloirs et ils nous claquaient les fesses avant d'aller dormir.
On nous a forcés à boire de l'huile. Tout ça sans raison.
L'un d'entre eux a évoqué des croix gammées tatouées sur plusieurs militaires.
Il a été relaxé pour avoir demandé, pendant la période probatoire au début de son engagement, à quitter l'armée avec une promesse d'embauche.
L'autre a été condamné à deux mois de prison avec sursis. Tout comme Lucas...

* Contacté, le parquet de Bordeaux n'a pas répondu à nos questions.

« AUJOURD'HUI, L'ARMÉE EST PERÇUE COMME UN TREMPLIN PLUS QU'UNE VOCATION »

Éric Letonturier est maître de conférences en sociologie à l'université Paris-Descartes-Sorbonne. Ses travaux portent sur l'armée, mais aussi la communication et la notion de réseaux.

« *Faire de l'aventure sa routine quotidienne* », « *Je protège mon pays, je progresse dans ma vie* », « *Ici, on avance tous avec les mêmes chances* »… Ces dernières décennies, les slogans de l'armée pour attirer de nouvelles recrues ont évolué en même temps que ses missions, comme l'analyse le sociologue, coordinateur de l'ouvrage collectif *Guerre, armées et communication*, CNRS Éditions (2017).

Comment la communication de l'armée à destination des jeunes recrues a-t-elle évolué ces dernières décennies ?

Mon étude commence en 1996. Avec la suspension de l'obligation du service militaire, l'armée de terre craint de manquer de compétences. Elle opte donc pour un recrutement massif et mise sur le quantitatif. Dès lors, elle attire des candidats aux parcours scolaires et familiaux perturbés pour qui l'armée apparaît comme une solution pour trouver un job. C'est l'occasion d'avoir une seconde chance, de trouver une nouvelle famille. La communication est alors axée sur les savoir-faire avec des slogans comme : « *Sous le casque, un métier* », « *Que faites-*

Avec la fin de la conscription, l'institution doit se faire connaître comme un employeur. Sa communication vante les 400 types de postes offerts par la seule armée de terre, avant de se recentrer sur le métier de soldat.

vous ces trois prochaines années ?». Mais au début des années 2000, l'armée réalise qu'elle rencontre certains problèmes avec ces recrues, comme de l'absentéisme et de la petite délinquance. Elle décide donc de lancer des campagnes de recrutement sur les savoir-être (*«L'armée de terre, bien plus qu'un métier»*), les *«valeurs»* attendues par les armées et auxquelles les jeunes peuvent être sensibles comme la camaraderie, la solidarité, l'esprit d'équipe. Certes, l'armée repose sur ces attentes identitaires, que le slogan *«Devenez vous-même»* va encore approfondir, mais il y a d'autres savoir-être plus exigeants qu'elle préfère passer sous silence : la disponibilité, la mobilité, l'effort, l'esprit de sacrifice, le respect de la hiérarchie.

LE CANDIDAT EST-IL PRÊT À DÉFENDRE SON PAYS, À MOURIR POUR LUI ?

Pourquoi ce choix ?

Ces qualités nécessitent de l'exigence vis-à-vis de soi-même, voire un certain oubli de soi. Elles vont à l'encontre de notre société individualiste. Or, aujourd'hui, l'armée est perçue comme un tremplin vers un autre métier, une expérience à valoriser dans le civil plus qu'une vocation s'appuyant sur un engagement fort et durable.

Comment adapte-t-elle son discours aujourd'hui ?

Au fil du temps, la communication de l'armée s'est affinée. Elle a misé pendant une vingtaine d'années sur des savoir-être, des qualités très valorisantes, tout en occultant la notion d'engagement et ses implications en matière de mode de vie, de servitudes et de devoirs. En 2024, elle a changé de direction en lançant le slogan : *«Peux-tu le faire ?»* Pour la première fois depuis 1996, elle choisit, face à la menace qui se profile, de miser sur une communication beaucoup plus en adéquation avec ce qu'est l'armée. Les visuels sont plus réalistes, ils ne montrent pas uniquement du matériel mais aussi des terrains d'opération, des situations de guerre et les dispositions particulières, la force morale qu'elles exigent. L'armée pose désormais un défi aux nouvelles recrues. Elle ne cache plus la réalité, la notion d'engagement retrouve sa place. Elle amène le candidat à questionner sa motivation. Est-il prêt à défendre son pays, voire à mourir pour lui ?

PROPOS RECUEILLIS PAR **FERIEL ALOUTI**

Les dernières campagnes de recrutement se veulent plus réalistes.

À VOIR

Le Déserteur, **de Dani Rosenberg. Shlomi, soldat israélien tout juste majeur, fuit l'armée pour rejoindre sa copine à Tel-Aviv.**
United Channel Movies, 98 min (2023).

À ÉCOUTER

Le Déserteur, **de Boris Vian. Pendant la guerre d'Indochine, l'artiste explique qu'il n'est pas *«sur Terre pour tuer des pauvres gens»*.**
Label Philips, 3 min 31 s (1954).

LA SÉMANTIQUE C'EST ÉLASTIQUE

Truisme. Parler pour ne rien dire, oui, mais avec style : la langue française regorge de figures rhétoriques pour énoncer la platitude et l'évidence.

JAMES

* "Ils mangent les chiens. Ils mangent les chats."

Mais il est aussi possible que l'auditoire soit réellement imbécile et que les paroles simplistes lui plaisent puisqu'il est sûr de les comprendre.
On est chez nous !
Ben, bichon, tu pensais qu'on était où ?
Il est bon parfois d'appeler un chat un chat, en effet.
Les populistes qui ne s'adressent pas à notre intelligence...
... cultivent l'art de ce type de tournures creuses.
"La France aux Français !"... mais c'est complètement con, non ?
Oui. C'est donc parfait !
TRAVAIL
FAMILLE
POTERIE
Ah non, pas vous, ici !
Pour que la France reste la France !
PUFF PUFF
Monsieur, vos figures de style moisies n'ont rien à faire ici !
Veuillez quitter ces pages immédiatement !
Noir, c'est noir...
Ah non, tout sauf noir, zut...
C'est bien la preuve que quand on voit ce qu'on voit, on a raison de penser ce qu'on pense.
Avec lui, là, c'est sûr !
Comme le soulignait Roland Barthes, que tout le monde cite sans l'avoir réellement lu...
La guerre contre l'intelligence se mène toujours au nom du bon sens.
La tautologie dispense d'avoir des idées.

* "Les affaires sont les affaires, vous savez."

Votre collègue Johnny était un grand spécialiste de cette figure de style.
Pour faire un couple, il faut être deux.
C'est aussi ce qu'on appelle une lapalissade, si je puis me permettre.
Tout à fait.
On emploie ce terme en général pour se moquer de la personne qui vient de dire une évidence flagrante. Il a donc une connotation péjorative.
Allons… Je respecte mon "ami" Johnny.
Le mot est dérivé du nom du maréchal de La Palice, sous le règne de François Ier.
Je précise que je ne suis responsable en rien de ce qui est arrivé ensuite, hein.
La Palice était un valeureux militaire, mort en 1525 sur le champ de bataille à Pavie.
Sire, le maréchal de La Palice est mort de son vivant.
Et dire qu'un quart d'heure avant sa mort, il était encore en vie…
Sa veuve aurait fait graver sur sa tombe "s'il n'était mort, il ferait encore envie", phrase tirée d'une chanson dédiée à sa mémoire.
Si vous n'entrez pas dans la postérité avec ça, mon ami !
Or, à l'époque, le "f" ressemblait au "s long", employé souvent pour la lettre "s" en début ou en milieu de mot.
Caractère romain
Caractère italique
"S long"
"F"
Et "ferait" serait ainsi devenu "serait" avec le temps.
Ce qui créa la première lapalissade : "S'il n'était mort, il serait encore en vie."
Vous aurez noté, je l'espère, que si j'use de ces figures de style idiotes dans mes chansons ou ici dans cette chronique, c'est volontaire, hein.

Ces figures rhétoriques sont employées dans trois cas de figure pour renforcer une idée.
Option 1, par maladresse, ce qui arrive à tout le monde.
Oui, enfin, ce n'est pas ma faute…
… si ce n'est pas volontaire ni fait exprès.
Option 2, quand elles sont intentionnelles, dans un but de manipulation, comme on l'a vu.
Je ne vous mets dans aucune de ces deux cases, rassurez-vous
Option 3, aussi de façon intentionnelle, dans le cadre de l'ironie, du second degré.
Mieux vaut être riche et bien portant…
… que pauvre et malade.
Rien ne sert de courir si l'on n'est pas pressé.
Francis Blanche
Pierre Dac
Finalement, tautologie, truisme et lapalissade ont "mauvaise réputation".
Je vous vois venir.
Au village, sans prétention, j'ai mauvaise réputation
PLOUM PLOUM
Tout le monde médit de moi, sauf les muets, ça va de soi
PLOUM PLOUM PLOUM
Et nous nous quittons donc sur ce truisme de qualité.
Ce qui n'es- pas un truisme.

PRÉCARITÉ ALIMENTAIRE

CHANGER DE RECETTE

En 1985, Coluche lançait sur Europe 1 l'idée d'une cantine alimentée par des dons pour servir gratuitement 2 000 repas par jour aux plus démunis : les Restos du cœur étaient nés. Pensée comme une initiative provisoire, l'association a ouvert fin 2024 sa quarantième campagne. La précarité alimentaire explose et les distributions de nourriture, tout en palliant l'urgence, contribuent paradoxalement au statu quo. Partout en France, des collectifs d'habitants cherchent des alternatives pour rendre effectif le droit à l'alimentation.

CLÉMENTINE MÉTÉNIER, BENJAMIN SÈZE **CLARA LODEWICK**

Je demande des conseils, j'apprends.
Je plante aussi des fleurs pour faire des tisanes.
La pariétaire est bonne pour les reins, et la camomille, c'est pour les cheveux.
Chabha cultive sa parcelle depuis douze ans. Elle ne connaissait rien au maraîchage.
Bonjour ! Ça va aujourd'hui ?
Comme ci, comme ça !
Ils sont malades et ne peuvent pas s'occuper de leur parcelle, alors d'autres récoltent pour eux.
Ce jour-là, Chabha fait le tour des potagers avec Julian Mierzejewski, chef de projet à la mairie.
Je donne aussi des légumes à des voisins qui n'ont pas de jardin.
Ouf.
Pour moi, c'est avant tout un passe-temps. Ça permet aussi des économies.
J'évite au maximum d'acheter des légumes.
Certains, ici, n'achètent rien ! Ils produisent tout.
Je préfère ce que je cultive. C'est comme du bio. Ça n'a pas le même goût.
Chabha, tu as vu comme mes fèves sont réussies cette année ?
Lahcen, 74 ans, ouvrier retraité
Lakdhar, soudeur retraité

Petits-pois, tomates, concombres, choux ronds et blettes pour le couscous.
Avec les citrouilles je fais des soupes et des gratins. Ça fait de grosses quantités, mais je congèle.
Sans le jardin, je ne pourrais pas manger des trucs frais comme ça.
Je le fais aussi pour ma mère de 89 ans, avec qui je vis. En Algérie, elle était agricultrice. C'est elle qui m'a appris à jardiner.
Mmh, oui... On est bien dans ce jardin,
mais un jour ou l'autre, ils vont nous le retirer.
Pourquoi ? C'est vous les citoyens, c'est vous qui décidez.
Ben... s'ils veulent construire quelque chose.
En plus, il n'y a pas de Français dans le jardin.
Que des Portugais, des Libanais, des Marocains, des Algériens, des Tunisiens.
Le jardin Pierre-Rabhi est l'un des six jardins créés par la mairie en 2012, et il est aujourd'hui emblématique de la lutte contre la précarité alimentaire que mène la ville.
À l'époque, les jardins ont pour but de mobiliser les habitants des quartiers populaires autour d'un projet politique écologiste.
À Grande-Synthe, il y a 63% de logements sociaux, 27% de chômeurs, et un tiers des ménages vit sous le seuil de pauvreté.

Prenons de la hauteur...
Hop !
L'idée était de faire autre chose qu'une cité-dortoir,
MAISON COMMUNALE
de réfléchir à un cadre de vie sain pour les ouvriers déracinés...
... venus d'Europe de l'Est, du Sud et du Maghreb...
Karima Touil, adjointe au maire de Grande-Synthe
USINOR
... pour travailler chez Usinor à l'époque, l'actuel ArcelorMittal,
et dont la santé était abîmée par l'usine.
Aaaah...
SPLASH
C'est ainsi que dès 1973 est né le Puythouck,
un espace vert de 50 hectares au pied des usines,
puis un verger pédagogique, un centre d'initiation à l'environnement,
et un pôle santé.
FLAP FLAP
Les jardins populaires sont le prolongement de cette politique.

Nous vivons là. C'est là que nous élevons nos enfants, et c'est là où nous mourrons.
Il fallait rétablir ce lien quasi charnel entre l'habitant et son territoire.
Jusque-là envisagée comme « un outil au service de » par la municipalité,
l'alimentation est devenue un enjeu politique à part entière en 2020, après le confinement.
Les tarifs de la cantine scolaire, 100 % bio, diffèrent selon les revenus.
Le prix bas, à moins de 50 centimes le repas, encourage des parents à mettre leurs enfants à la cantine même s'ils ne travaillent pas.
Je vous emmène dans mon endroit préféré.
On y mange bien !

La mairie a aussi créé cette micro-ferme ouverte à tous avec un accompagnement technique,
pour approcher une production professionnelle et pouvoir partager des tonnes de légumes.
Hé, laisse-moi un peu de biettes !
J'avais une parcelle dans un jardin populaire, mais je n'avais pas le temps ni forcément l'énergie de l'entretenir.
Patrice, 60 ans, vit d'une pension d'invalidité.
Moi aussi. C'est décourageant d'avoir son jardin seule quand rien ne pousse.
Ici, ça pousse, et c'est mieux de faire ensemble.
Sandrine, 54 ans, autoentrepreneuse
Je connais un endroit en ville où je pourrai voler un radis ou deux.

* Revenu de solidarité active.

Moi aussi j'ai des problèmes de santé. C'est le médecin qui me conseille de manger bio.
Cette semaine, on a commandé des fruits et des légumes, des bières, du jus de pomme, des œufs.
Sinon, on va à l'aide alimentaire. Au début, on avait l'impression de mendier.
Après avoir travaillé pendant trente ans comme employé dans des usines de boucherie, Dominique est au chômage et vit de l'allocation de solidarité spécifique.
Sylvie, sa femme, reçoit l'allocation aux adultes handicapés.
Mais, on s'y est faits. Ça fait quatorze ans…
On n'a pas le choix.
Avant, on allait dans une association où les fruits et légumes qu'on nous donnait étaient pourris.
On faisait la queue à côté des poubelles,
l'odeur était horrible.
Là où on va maintenant, c'est mieux. On donne une participation annuelle de 14 euros.
Dans les colis, il y a parfois des escalopes, des steaks hachés et des carrés de lieu noir congelés.
Mais ce n'est pas bio.
RIZ
COLIS MAI
On reçoit surtout des boîtes de conserve premier prix, des pâtes et du riz.
Si on pouvait, on achèterait un rôti de bœuf.
Elle en rêve !
Chaque semaine, ce sont souvent les mêmes produits.
Ce n'est pas qu'on voudrait choisir, mais on aimerait que ce soit plus varié.
Ce sont les animaux qui mangent toujours la même chose.

Aujourd'hui, en France, environ 5 millions de personnes auraient recours aux dons pour se nourrir.
Un chiffre qui n'a cessé d'augmenter depuis quarante ans...
1983
À l'époque, la France, comme une grande partie du reste du monde, traverse une crise économique.
Le chômage s'envole.
On parle dans les médias de « nouveaux pauvres ».
FLAP
FLAP
Le prix de ces couches !
Je fais les magasins qui sont les moins chers pour pouvoir acheter à manger.
On est obligés de prendre des boîtes, je ne peux acheter aucun légume que je veux.
25 janvier, journal télévisé « Soir 3 », Yvette, concierge, élève seule ses trois enfants.
De la viande rouge, on n'en prend jamais.
Ah ben nous non plus, hein, bébé ?
C'est dans ce contexte que naissent les banques alimentaires à la fin de l'année 1984
et les Restos du cœur en 1985, deux des piliers - avec le Secours populaire et la Croix-Rouge française - du système actuel d'aide alimentaire.
SECOURS POPULAIRE FRANÇAIS
Banques Alimentaires
LES RESTAURANTS DU CŒUR

Celui-ci consiste à redistribuer à des ménages qui justifient d'un niveau de vie particulièrement faible
des denrées données par des institutions publiques, des particuliers ou des entreprises, sous forme de colis ou de repas.
Et ce gratuitement ou contre une participation symbolique.
OUF !
COUCHES CULOTT
Cette solution répondait initialement à une situation d'urgence et ne devait être que temporaire.
OUF !
Mais au fil des années, elle s'est developpée jusqu'à devenir un circuit d'approvisionnement parallèle.
Ouf...
Ouf...
OUF.
Ouf.
OUF.
OUF !
Ouf !
OUF !
OUF !
OUF !
OUF !
OUF !
OUF !
OUF.
OUF !

Des millions de personnes en dépendent : certaines à la rue,
des mères seules,
des chômeurs,
des allocataires des minima sociaux,
des travailleurs pauvres...
des étudiants précaires,
des retraités aux petites pensions,
En 2023, sous le coup de l'inflation, ce système atteint ses limites.
Tandis que la demande explose, l'offre diminue.
TOUT PRIX
DONS
La baisse des dons des particuliers et la hausse des prix amputent le pouvoir d'achat des associations.
Des produits proches de la date de péremption, auparavant collectés comme invendus,
sont désormais proposés à prix bas par les supermarchés.
GREEN WASH
-5%
-1%!!
anti-gaspi -2%!
Hum... Rien pour moi là-dedans.
TOUT
Cherchons ailleurs.
RRR
Nous allons devoir réduire fortement le nombre de personnes que nous allons accueillir.
-30%
Tiens ?
Cette année les Restos du cœur ont distribué 170 millions de repas. Ce n'est plus tenable.

Plusieurs dizaines de millions d'euros vont manquer pour pouvoir absorber ce flux de personnes que nous recevons.
LE13H TF1
3 / 09 / 2021
PATRICE DOURET
PRÉSIDENT - LES RESTOS DU COEUR
Si on ne fait rien, même les Restos du cœur pourraient mettre la clé sous la porte d'ici à trois ans.
LE13H TF1
Houla !
Ce scénario serait dramatique.
Mars 2020
FERMÉ
L'arrêt brutal des distributions au début de la pandémie en a donné un aperçu.
Des centaines de milliers de ménages se sont retrouvés sans solution pour remplir leur assiette.
FERMÉ
Il n'existe en effet, en France, aucune politique nationale proactive de lutte contre la précarité alimentaire. L'État se repose essentiellement sur les associations, en se contentant de les soutenir financièrement.
DONS
Cling
Cling
Ce qui lui permet de se décharger d'un problème complexe dont la solution, si elle n'était pas caritative, serait sûrement coûteuse.
Ensuite, l'aide alimentaire a toujours rempli une fonction autre que sociale.
Allons à la périphérie de la ville...
... voir un éleveur.
Ho-Ho...

Des années 1980 jusqu'aux années 2010,
KRÂ
elle a permis d'éliminer les surplus de production,
achetés et stockés par les États afin d'éviter que les prix agricoles ne s'effondrent.
Pour écouler ces « montagnes de beurre » et ces « lacs de lait », ce circuit était bienvenu.
Puis le système a évolué. Le rachat coûtant cher aux États, ceux-ci ont incité les agriculteurs à moins produire. Il a fallu trouver d'autres sources d'approvisionnement à l'aide alimentaire.
POUR UNE PAC + JUSTE
Mais avec la loi Garot, qui oblige, depuis 2016, les grandes surfaces à donner leurs invendus aux associations,
GREEN WASH
GREEN WASH
Aïe, ça y est, tout est périmé.
on a fait d'elle un outil de lutte contre le gaspillage de l'industrie agroalimentaire.
Les grandes surfaces bénéficient d'un crédit d'impôt de 60 % sur la valeur de leurs dons, et économisent des frais de gestion de déchets.
Que faites-vous là ?!
C'est encore très bien, voyons !
Les abus sont courants.
En 2018, la Fédération française des banques alimentaires a estimé que 20 % des produits ainsi ramassés étaient inutilisables.
TOUTPRIX

* « La Lutte contre la précarité alimentaire – Évolution du soutien public à une politique sociale, agricole et de santé publique », Igas (2019).

La misère est prégnante, c'est trop stigmatisant.
Ancienne conseillère principale d'éducation, Lauriane, 27 ans et mère seule, est en reconversion professionnelle.
Je sais que c'est temporaire, mais c'est dur financièrement.
Hum...
Les personnes qui ont recours à l'aide alimentaire vivent une violence psychologique intense.
Bénédicte Bonzi, docteure en anthropologie sociale, autrice du livre « La France qui a faim » (Éd. du Seuil, 2023)
Le don de nourriture, dans le cadre de cette aide, participe à ce que j'appelle un « marché indigne de la faim », au détriment d'une politique alimentaire égalitaire qui met les choix et la dignité des personnes au centre.
Le cassoulet ou les saucisses-lentilles en boîte, je les avale juste histoire de me remplir le ventre.
Je n'y prends aucun plaisir.
Mais bon,
quand on est au RSA, on n'a pas les moyens de choisir ce qu'on mange.
À Manosque, Alain, 49 ans, a travaillé vingt-cinq ans, dont dix ans dans la restauration collective, avant de se retrouver au chômage. Il alterne aujourd'hui entre petits boulots et RSA.
"SOUPIR"

* Absence ou difficulté pour les personnes d'avoir « un accès physique et économique à une nourriture suffisante, saine et nutritive leur permettant de satisfaire leurs besoins énergétiques et leurs préférences alimentaires pour mener une vie saine et active », d'après le Sommet mondial de l'alimentation (1996). ** Centre de recherche pour l'étude et l'observation des conditions de vie.

* « Pour une politique nutritionnelle de santé publique en France », PNNS 2017-2021.

* Dans une enquête menée par l'association auprès de personnes à qui elle a distribué des chèques-services lors du confinement.

TOUTPRIX
On a longtemps pensé que les produits low-cost étaient la solution.
Cela explique le soutien dont bénéficie l'agriculture intensive
et les filières agro-industrielles
Mais ces ménages se rendent compte aujourd'hui qu'ils ont été enfermés dans un piège.
Depuis quelques années,
surtout depuis le confinement,
la prise de conscience autour de l'insécurité alimentaire a poussé à imaginer un peu partout sur le territoire d'autres solutions que la simple distribution de colis.
ELECTRO
VRRR

Francis, 45 ans, allocataire du RSA, commande via le Secours catholique des paniers de fruits et légumes bios et locaux, à prix réduits.

Depuis sept ans, je suis sans emploi. Les paniers que je récupère tous les quinze jours font du bien au moral.

C'est idiot, mais avoir accès aux mêmes produits que tout le monde, ça redonne un peu de dignité.

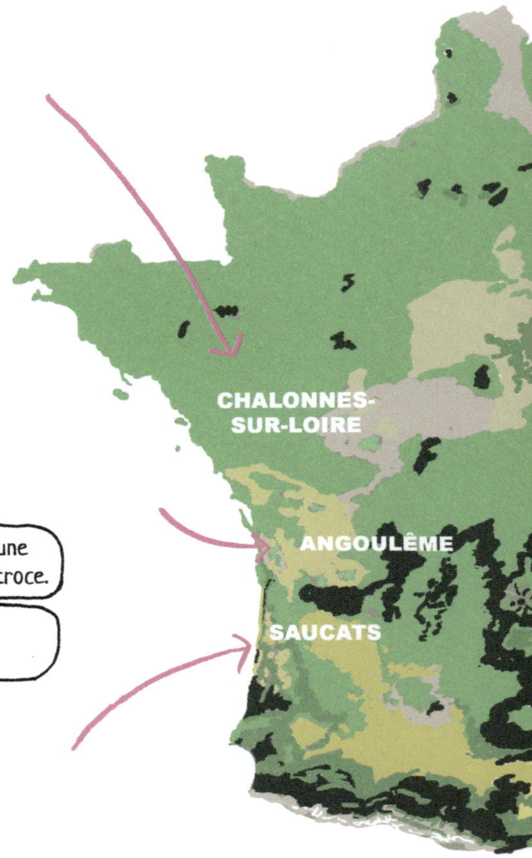

Xavier, la cinquantaine, impliqué dans la pension de famille l'Éclaircie

Quand on se dit que jamais on n'ouvrira une poubelle et qu'on finit par le faire, c'est atroce.

Mais dès que j'ai pu cuisiner avec des légumes glanés*, ça allait mieux.

* Légumes récupérés en fin de marché.

Geneviève, 79 ans, retraitée, a reçu d'une association des chèques-services alimentaires pendant le confinement.

Au moins je peux choisir ce que je veux.

Je préfère aller au supermarché d'une commune voisine. On se connaît tous ici et on ne se dit pas tout. On a notre fierté.

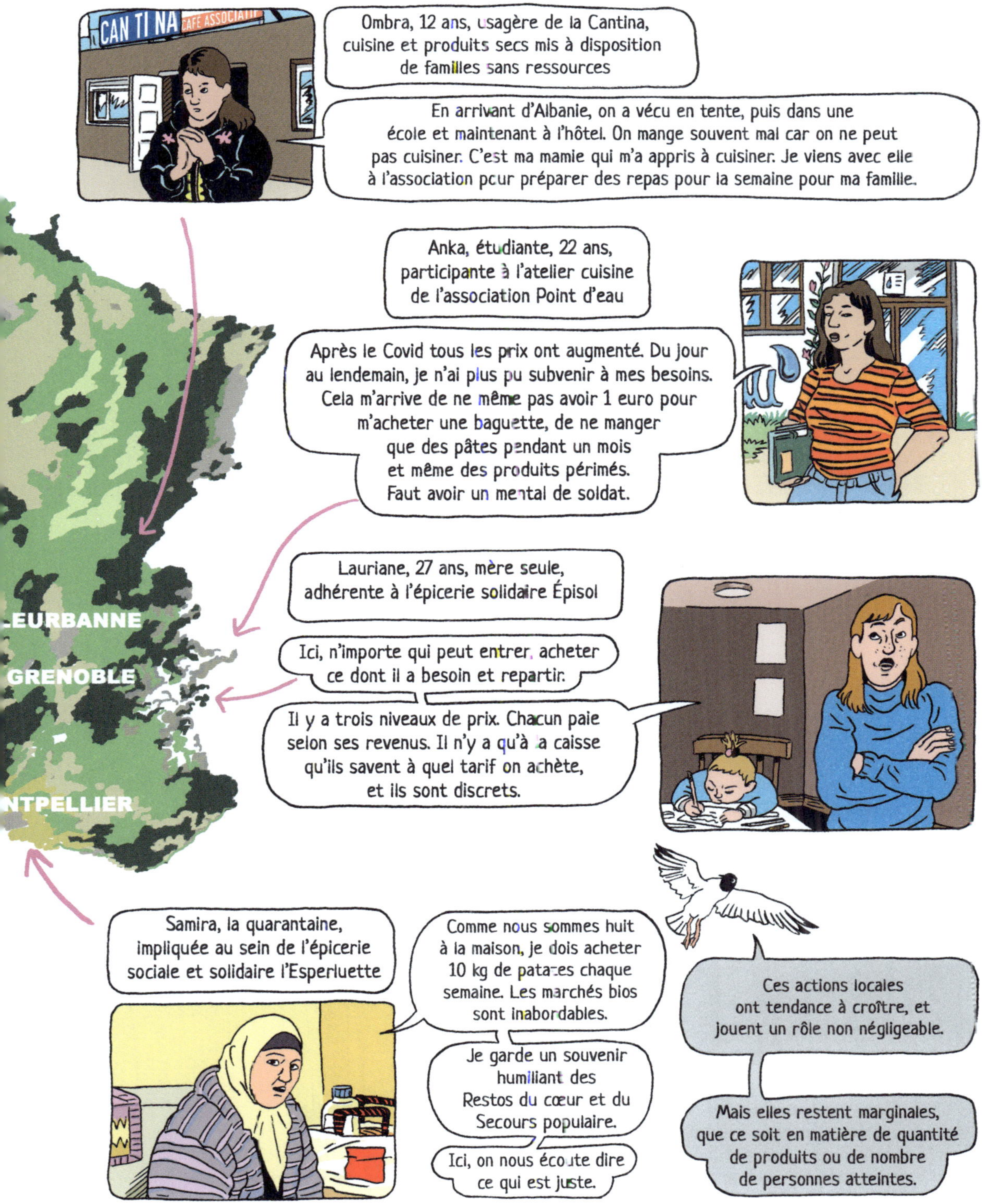
CANTINA
CAFÉ ASSOCIATIF
Ombra, 12 ans, usagère de la Cantina, cuisine et produits secs mis à disposition de familles sans ressources
En arrivant d'Albanie, on a vécu en tente, puis dans une école et maintenant à l'hôtel. On mange souvent mal car on ne peut pas cuisiner. C'est ma mamie qui m'a appris à cuisiner. Je viens avec elle à l'association pour préparer des repas pour la semaine pour ma famille.
Anka, étudiante, 22 ans, participante à l'atelier cuisine de l'association Point d'eau
Après le Covid tous les prix ont augmenté. Du jour au lendemain, je n'ai plus pu subvenir à mes besoins. Cela m'arrive de ne même pas avoir 1 euro pour m'acheter une baguette, de ne manger que des pâtes pendant un mois et même des produits périmés. Faut avoir un mental de soldat.
LEURBANNE
GRENOBLE
NTPELLIER
Lauriane, 27 ans, mère seule, adhérente à l'épicerie solidaire Épisol
Ici, n'importe qui peut entrer, acheter ce dont il a besoin et repartir.
Il y a trois niveaux de prix. Chacun paie selon ses revenus. Il n'y a qu'à la caisse qu'ils savent à quel tarif on achète, et ils sont discrets.
Samira, la quarantaine, impliquée au sein de l'épicerie sociale et solidaire l'Esperluette
Comme nous sommes huit à la maison, je dois acheter 10 kg de patates chaque semaine. Les marchés bios sont inabordables.
Je garde un souvenir humiliant des Restos du cœur et du Secours populaire.
Ici, on nous écoute dire ce qui est juste.
Ces actions locales ont tendance à croître, et jouent un rôle non négligeable.
Mais elles restent marginales, que ce soit en matière de quantité de produits ou de nombre de personnes atteintes.

* Centres d'initiatives pour valoriser l'agriculture et le milieu rural. Ce réseau regroupe agriculteurs et ruraux qui œuvrent collectivement à la transition agroécologique.

La SSA reposerait sur trois piliers : l'universalité,
le financement par la cotisation sociale,
et un processus de conventionnement selon des critères définis par les consommateurs.
SSA
En France, la concrétisation la plus poussée de la SSA
sont les caisses alimentaires communes qui sont expérimentées,
ou en voie de l'être, dans une trentaine de territoires (Montpellier, Lyon, Toulouse, Aix-Marseille, Nantes, Grenoble, en Gironde et en Alsace...).
LYON
GRENOBLE
Moi, c'est à Lyon que j'ai mes petites habitudes.
25 juin 2024, mairie du 8e arrondissement de Lyon

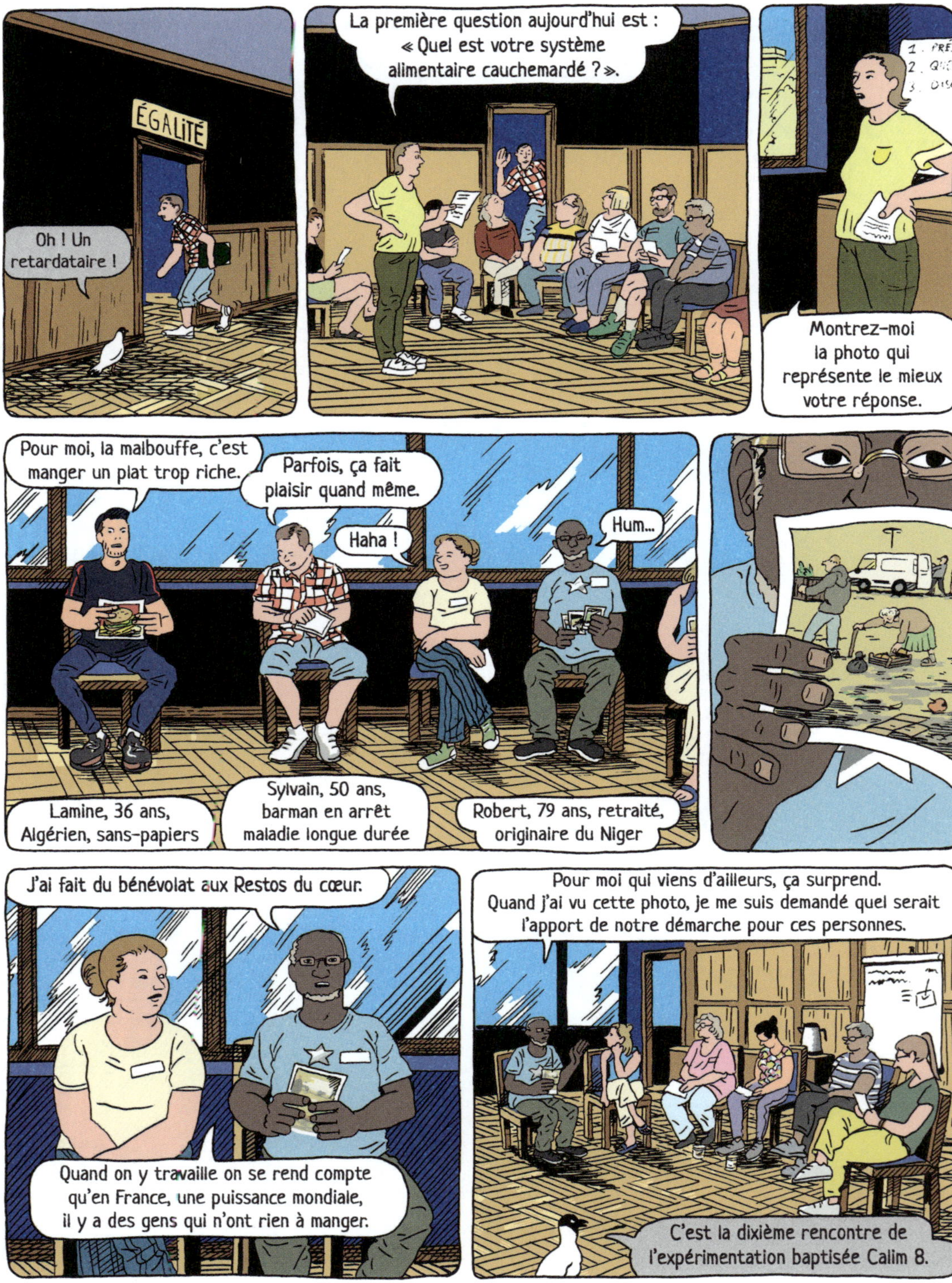
ÉGALITÉ
Oh ! Un retardataire !
La première question aujourd'hui est : « Quel est votre système alimentaire cauchemardé ? ».
Montrez-moi la photo qui représente le mieux votre réponse.
Pour moi, la malbouffe, c'est manger un plat trop riche.
Parfois, ça fait plaisir quand même.
Haha !
Hum...
Lamine, 36 ans, Algérien, sans-papiers
Sylvain, 50 ans, barman en arrêt maladie longue durée
Robert, 79 ans, retraité, originaire du Niger
J'ai fait du bénévolat aux Restos du cœur.
Quand on y travaille on se rend compte qu'en France, une puissance mondiale, il y a des gens qui n'ont rien à manger.
Pour moi qui viens d'ailleurs, ça surprend. Quand j'ai vu cette photo, je me suis demandé quel serait l'apport de notre démarche pour ces personnes.
C'est la dixième rencontre de l'expérimentation baptisée Calim 8.

Depuis janvier 2024, une trentaine d'habitants, majoritairement concernés par la précarité alimentaire, travaillent ensemble...
... à créer une caisse alimentaire commune dans leur arrondissement.
MAIRIE DU 8e ARRONDISSEMENT
Ils se réunissent tous les quinze jours.
Ce jour-là, quatre ateliers thématiques sont organisés : aller voir les magasins et comprendre leur fonctionnement,
réfléchir à ce qu'est un lieu engagé,
établir un questionnaire pour les magasins
et lister les produits à conventionner.

Déjà, il faudrait conventionner le lait, les yaourts, le fromage.
Ensuite, le boulanger.
Quel est le pain que tu as envie de conventionner ?
Sur quels critères ? Artisanal ?
Bio.
Artisanal, ça me parle plus que bio.
Notre projet est social.
Mettons-nous d'abord d'accord...
Chaque critère est passé au peigne fin.
... pour qu'on puisse manger correctement en se fournissant dans les magasins du quartier,
avant de décider si la viande doit être bio ou non,
locale ou non...

Est-ce qu'on veut qu'il y ait tout dans un magasin,
ou par exemple seulement des fruits et des légumes de saison ?
Ce qui est important,
c'est que le producteur qui dépose ses produits s'y retrouve.
Jusqu'à fin novembre 2025, le budget est financé par :
SSA €
la Métropole de Lyon à plus de 50 %, les cotisations des membres pour environ 30 %, la Ville de Lyon, la fondation La Poule rousse et le réseau Biocoop. L'État participe aussi via le fonds Mieux manger pour tous.
Le fait d'aller voir et d'interroger les magasins,
ce n'est pas toujours facile, il faut être à l'aise.
Définir la somme perçue par les adhérents était au cœur des discussions.
Le montant de l'allocation mensuelle, c'est le sujet qui a le plus clivé notre groupe.
Cédric, 47 ans,
salarié de l'association Soliha Rénov, qui accompagne à la rénovation énergétique
Moi, j'ai soutenu 150 euros car pour les personnes au RSA, les étudiants en galère les personnes à la rue… c'est un minimum.
Hum.
En face, l'argument était de dire que le projet était plus social si on touchait plus de monde, donc si on se limitait à 100 euros par ménage.
La Métropole de Lyon voulait que ce soit 100 euros,
Salima, 54 ans, en invalidité de travail
et certaines personnes ont dit : « Ce n'est pas grave, on accepte. » Mais la majorité s'est dit qu'il ne fallait pas céder.
C'est ça qui est nouveau, mettre les gens en situation de pouvoir.
On fait le pari que, collectivement, nous sommes capables de faire des bons choix.
Léa Thévenot, chargée de mission Démocratie alimentaire pour Territoire à vivreS Grand Lyon

L'expérimentation a été lancée, le 21 septembre 2024.
SSA
Trente foyers ont commencé à cotiser et à recevoir 150 euros par mois,
auxquels s'ajoute un forfait par personne supplémentaire,
à dépenser dans quatorze lieux conventionnés.
En décembre, soixante-dix foyers ont rejoint l'expérimentation. L'objectif était d'atteindre cent personnes. Qu'en ressortira-t-il ? Difficile de le prédire.
slurp miam
La plus ancienne des expérimentations remonte à 2021…

... à Cadenet, dans le Vaucluse.
AU MAQUIS
CADENET
AIX-EN-PROVENCE
MARSEILLE
Si une sécurité sociale de l'alimentation voit le jour, ça ne sera certainement pas ce que nous expérimentons aujourd'hui.
MAGASIN de PRODUCTEURS
Éric Gauthier, de l'association Au Maquis. Il coordonne l'expérience dans cette petite ville de 4 000 habitants.
C'est en essayant plein de protocoles différents
LA SSA, C'EST QUOI
qu'on pourra trouver le modèle qui nous correspond.
Face à un sentiment d'urgence écologique, sanitaire et sociale,
SSA
le temps long qu'implique un tel projet démocratique fait débat au sein même du milieu militant.
Les plus radicaux disent : « On n'a pas tout ce temps devant nous. »
REST
FINISTÈR
Jean-Claude Balbot
Mais ce temps n'est pas perdu, c'est un investissement.
Il sert à lutter contre la résignation politique en donnant aux gens du pouvoir sur des choses concrètes.
Il sert à créer un commun que les gens auront envie de défendre dans la durée.

Face à la précarité étudiante, la faim justifie les moyens

Chaque année, de nombreux étudiants n'arrivent pas à manger à leur faim. Des tentatives de solutions, politiques ou solidaires, se multiplient pour lutter contre ce phénomène mis en lumière lors de la pandémie de Covid-19.

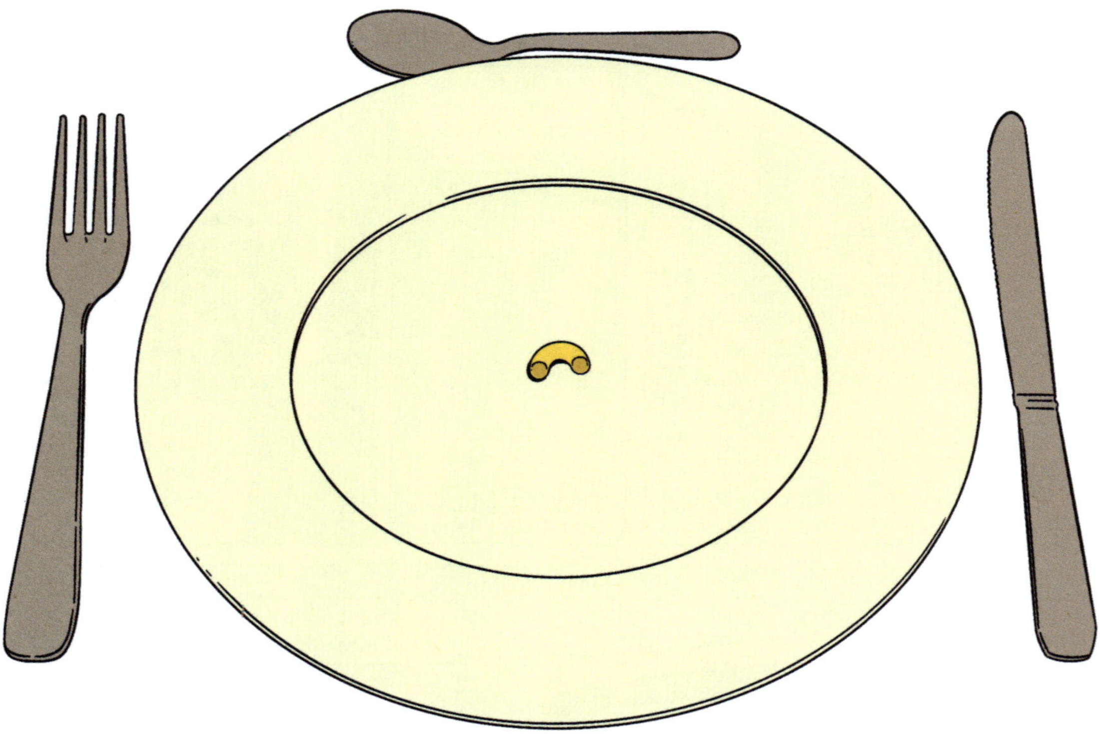

En 2024, un étudiant sur cinq recourait à l'aide alimentaire, et un tiers disait sauter régulièrement un repas, selon le baromètre annuel de la précarité étudiante publié par Cop1-Solidarités étudiantes*. L'association, née durant la crise sanitaire de 2020, approvisionne 35 lieux de distribution de colis alimentaires dans 25 villes étudiantes en France et a donné 100 000 paniers l'an dernier. *« Depuis nos débuts, il n'y a pas d'amélioration,* observe son président, Benjamin Flohic, dans une interview au journal *Ouest-France*. *On vient d'ouvrir une antenne à Toulouse.*

Avec le bouche-à-oreille, les 300 places ouvertes ont été réservées en une heure. Le jour de la distribution, il y avait 750 étudiants sur liste d'attente... »

On ne mâche rien !

Le réseau d'épiceries solidaires Andès observe, lui, une multiplication par 2,5 du nombre de ses épiceries réservées aux étudiants depuis 2019 (54 aujourd'hui contre 22 il y a six ans). Parmi les jeunes qui fréquentent les épiceries Agoraé, ouvertes par la Fédération des associations générales étudiantes (Fage), 63 % ne touchent aucune bourse. L'association Cop1 constate également une surreprésentation des étudiants non boursiers parmi les bénéficiaires de ses paniers. Face à cette réalité, les principaux syndicats étudiants militent pour l'ouverture à tous du repas à 1 euro, mis en œuvre depuis 2020 dans les restaurants universitaires. Aujourd'hui, seuls les étudiants boursiers et en situation de précarité particulière bénéficient de ce tarif (contre 3,30 euros pour le tarif normal). Le 23 janvier 2025, une proposition de loi, portée par la députée socialiste Fatiha Keloua-Hachi (Seine-Saint-Denis), sur la généralisation de ces repas à 1 euro a été adoptée à la quasi-unanimité par l'Assemblée nationale. Le texte doit encore être examiné par le Sénat. Pour les nombreux étudiants éloignés des restaurants universitaires, le gouvernement a lancé en février des cartes prépayées, créditées de 40 euros par mois pour les boursiers, et de 20 euros pour les autres. Des montants *« indécents »* qui représentent *« moins de 1 euro par jour »* pour les étudiants non boursiers et *« moins de 2 euros »* par jour pour les boursiers, regrettent les responsables de la Fage. À Bordeaux, des organisations militantes testent, depuis 2023, une Sécurité sociale de l'alimentation (SSA) étudiante. Le principe est le même que pour la trentaine d'autres expérimentations de caisses communes de l'alimentation en France. Cent cinquante étudiants y participent. Chacun cotise chaque mois selon ses moyens, entre 10 et 50 euros, et reçoit l'équivalent de 100 euros à dépenser auprès de producteurs et commerçants conventionnés.

Les syndicats militent pour l'ouverture à tous du repas à 1 euro

Texte **Clémentine Méténier** et **Benjamin Sèze**
Dessin **Simon Bailly**

* En partenariat avec l'Ifop.

À lire

Quand bien manger devient un luxe. En finir avec la précarité alimentaire,
de Benjamin Sèze. Une enquête très documentée sur la précarité alimentaire en France, devenue rentable au détriment des premiers concernés par cette réalité.
Éd. de l'Atelier (2023).

À lire

La France qui a faim. Le don à l'épreuve des violences alimentaires,
de Bénédicte Bonzi. Un travail anthropologique au sein des Restos du cœur pour *« rendre visibles les invisibles »*.
Éd. Seuil (2023).

À écouter

Une place à table,
de Clémentine Méténier. Six épisodes à la rencontre de celles et ceux qui luttent contre la précarité alimentaire.
Making Waves (2024).

Face B

Pascal Comelade. Admirateur du luddisme, ce mouvement ouvrier du XIXe siècle qui prônait la destruction des machines industrielles, le facétieux Catalan se dit artisan plutôt qu'artiste, bricolant des sons dans une démarche populaire.

Arnaud Le Gouëfflec – Nicolas Moog

ROCKER ÉGARÉ AUX PORTES DE L'AVANT-GARDE, COMELADE SE PASSIONNE POUR DES GROUPES ALLEMANDS COMME FAUST, CAN OU NEU!, QUI FONT LE LIEN ENTRE LES DEUX MONDES.
JE NE VIENS PAS DU CONSERVATOIRE, JE NE SAIS NI LIRE NI ÉCRIRE LA MUSIQUE.
JOHN CAGE ET SA « SUITE FOR TOY PIANO » NE TOMBENT PAS DANS L'OREILLE D'UN SOURD.
À PARIS, COMELADE FAIT LA CONNAISSANCE DE RICHARD PINHAS, PIONNIER DE L'AUTOPRODUCTION ET ADEPTE DE LA « GUERILLA » ÉLECTRONIQUE, QUI LUI PRÊTE UN SYNTHÉTISEUR EMS/AKS.
SON PREMIER ALBUM DE MUSIQUE ÉLECTRONIQUE, « FLUENCE », SORT EN 1975, SUIVI, EN 1980, DE « PARALELO ».
TRÈS VITE, ON ENTEND DES SAXOPHONES EN PLASTIQUE ET DU PIANO.
LA PREMIÈRE PERSONNE QUI M'A ENSEIGNÉ LES RUDIMENTS, C'EST UN PIANISTE DE BAL.

AU DÉBUT DES ANNÉES 1980, COMELADE A TROUVÉ SA GRAMMAIRE PERSONNELLE.
PIANO, GLOCKENSPIEL, MELODICA, INSTRUMENTS JOUETS...
J'AIME LES ORGUES À PILES, LES TROMPETTES EN PLASTIQUE ET LES PIANOS DÉSACCORDÉS.
À SES OBSESSIONS RÉPÉTITIVES, IL AJOUTE L'ART DE CE QU'IL APPELLE « LA MÉLODIE EN ESCALIER »,
OÙ S'ENTENDENT D'AUTRES INFLUENCES : SARDANE CATALANE, TANGO, MUSETTE, OU MÊME VARIÉTÉ, SAVAMMENT DÉCONSTRUITE.
LE POINT COMMUN ENTRE TOUTES LES MUSIQUES POPULAIRES C'EST LA RÉPÉTITION.
AVEC PIERRE BASTIEN ET CATHY CLARET, IL FONDE EN 1983 LE BEL CANTO ORQUESTRA, QUI INTÈGRE GUITARES EN PLASTIQUE, UKULÉLÉS ET PIANOS.
UNE RÉDUCTION D'ORCHESTRE AVEC DES RÉDUCTIONS D'INSTRUMENTS.
L'ORCHESTRE DURERA TRENTE-DEUX ANS, VERRA DÉFILER UN NOMBRE CONSIDÉRABLE DE MUSICIENS ET JOUERA PARTOUT, DANS TOUTES LES CONFIGURATIONS.
ALLONS FAIRE DE LA MUSIQUE QUELQUE PART.

Comment qualifier la musique que Comelade développe à partir de ce moment-là, avec le Bel Canto Orquestra ou sous son propre nom ?

De la musique instrumentale orpheline, qui ne se réclame ni du jazz, ni du folk, ni du classique.

Profondément mélodique et jouant de la sonorité d'instruments déclassés, dont des jouets.

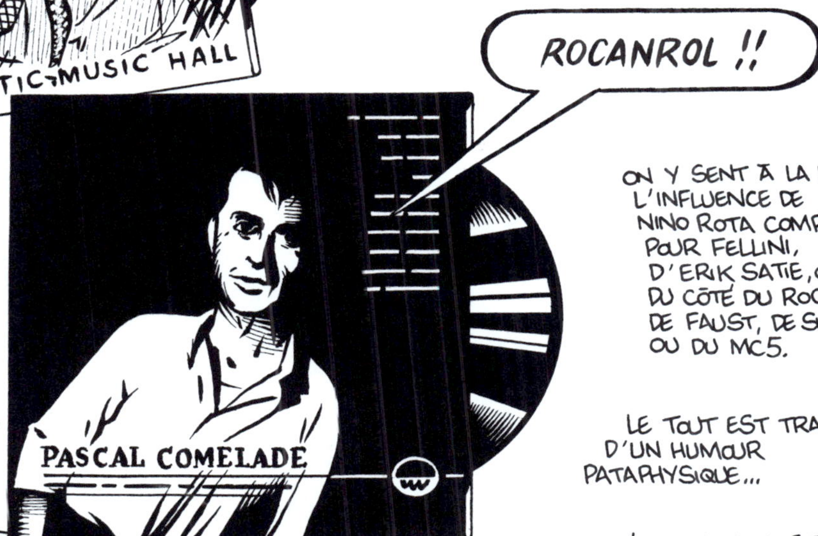

« Danses et chants de Syldavie »
(Anthologie de la reprise individuelle)

On y sent à la fois l'influence de Nino Rota composant pour Fellini, d'Erik Satie, ou, du côté du rock, de Faust, de Suicide ou du MC5.

Le tout est traversé d'un humour pataphysique...

...dont témoignent les titres : « À Tombouctou sans mariachis » ou « Chansons de charme pour faux-nez »

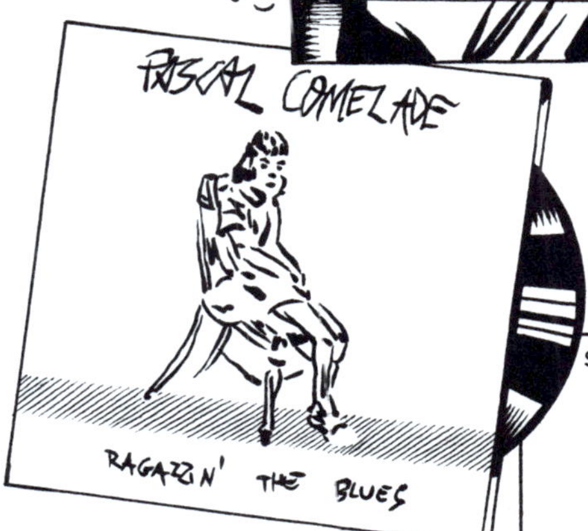

Une constante : les reprises.

Mais quand Comelade joue « L'été indien » de Joe Dassin, ou le « Sex Machine » de James Brown...

Ça devient du Comelade.

VOLONTIERS MÉLANCOLIQUE, TOUJOURS POÉTIQUE, À LA FOIS ÉRUDITE ET ACCESSIBLE, INITIÉE, MAIS ANCRÉE DANS LA CULTURE POPULAIRE, SA MUSIQUE ÉVOQUE LES RITOURNELLES DES FÊTES DE VILLAGE, DOUBLÉES D'ÉTRANGETÉ.
ART MODESTE
LA CARAVANE DES ARTS MODESTES, HERVÉ DI ROSA
ELLE PEUT SE RAPPROCHER DE L'ESPRIT DU MUSÉE INTERNATIONAL DES ARTS MODESTES À SÈTE, OÙ LA CULTURE POPULAIRE S'EXPOSE,
ET ACCÈDE À LA DIGNITÉ DU READY-MADE CHER À DUCHAMP.
BRUNO LESPRIT, JOURNALISTE
COMELADE EST CELUI QUI A DONNÉ À L'ART, QU'ON LE QUALIFIE DE NAÏF, DE MODERNE OU DE PAUVRE, UNE FORME SONORE.
TOUT CE QUI M'INTÉRESSE, C'EST L'ACCUMULATION DES SOUS-CULTURES. IL Y A TOUJOURS DANS MES COMPOSITIONS UNE BASE CULTURELLE QUI ME PERMET DE JOUER AUSSI BIEN DANS UN FESTIVAL D'AVANT-GARDE À BERLIN QUE DANS UN RESTAURANT DE POISSON DU PÉLOPONNÈSE.

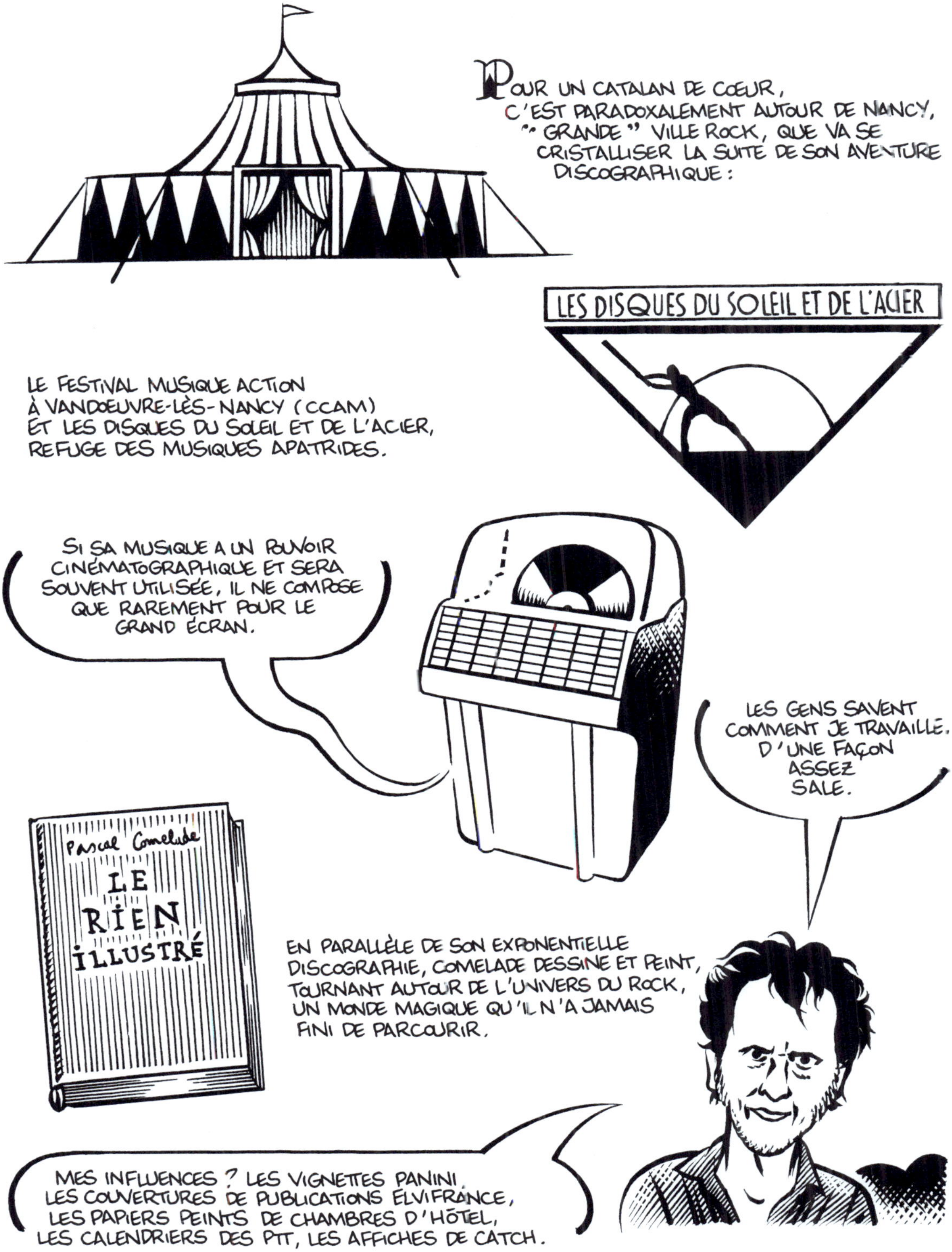
POUR UN CATALAN DE COEUR, C'EST PARADOXALEMENT AUTOUR DE NANCY, "GRANDE" VILLE ROCK, QUE VA SE CRISTALLISER LA SUITE DE SON AVENTURE DISCOGRAPHIQUE :
LES DISQUES DU SOLEIL ET DE L'ACIER
LE FESTIVAL MUSIQUE ACTION À VANDOEUVRE-LÈS-NANCY (CCAM) ET LES DISQUES DU SOLEIL ET DE L'ACIER, REFUGE DES MUSIQUES APATRIDES.
SI SA MUSIQUE A UN POUVOIR CINÉMATOGRAPHIQUE ET SERA SOUVENT UTILISÉE, IL NE COMPOSE QUE RAREMENT POUR LE GRAND ÉCRAN.
LES GENS SAVENT COMMENT JE TRAVAILLE. D'UNE FAÇON ASSEZ SALE.
Pascal Comelade
LE RIEN ILLUSTRÉ
EN PARALLÈLE DE SON EXPONENTIELLE DISCOGRAPHIE, COMELADE DESSINE ET PEINT, TOURNANT AUTOUR DE L'UNIVERS DU ROCK, UN MONDE MAGIQUE QU'IL N'A JAMAIS FINI DE PARCOURIR.
MES INFLUENCES ? LES VIGNETTES PANINI, LES COUVERTURES DE PUBLICATIONS ELVIFRANCE, LES PAPIERS PEINTS DE CHAMBRES D'HÔTEL, LES CALENDRIERS DES PTT, LES AFFICHES DE CATCH.

LA SIGNATURE CHEZ DELABEL, DANS LES ANNÉES 1990, MARQUE LE DÉBUT D'UNE EXPOSITION MÉDIATIQUE… DE COURTE DURÉE.
RENFORCÉE PAR DIVERSES COLLABORATIONS PRESTIGIEUSES, QUI SONT, SELON LUI, « TOUJOURS LE FRUIT DU HASARD »…
PJ HARVEY
ÇA ME RAPPELLE LES FÊTES FORAINES DE MON ENFANCE.
AVEC ROBERT WYATT, FAUST OU MIOSSEC.
ON NOUS INVITE AUX VICTOIRES DE LA MUSIQUE.
PFFF, N'Y ALLEZ PAS LES MECS, ÇA SERT À RIEN.
MIOSSEC
TOUJOURS EN ACTIVITÉ EN 2025, PASCAL COMELADE N'A JAMAIS CESSÉ DE FAIRE DE LA MUSIQUE ET NE MONTRE AUCUN SIGNE DE FATIGUE.
AVEC LE GROUPE DE ROCK GARAGE THE LIMIÑANAS.
JE SUIS UN TYPE QUI TRAVAILLE, COMME N'IMPORTE QUEL SALARIÉ.

SA RENOMMÉE SE PASSE DÉSORMAIS DE LA LUMIÈRE MÉDIATIQUE : ELLE SUIT SON COURS, DE L'EUROPE AU JAPON, OU AUX ÉTATS-UNIS. LA RANÇON DE LA CONSTANCE, SANS DOUTE : COMELADE AURA TOUJOURS ÉTÉ FIDÈLE À SA VISION.

MUSICIEN PHILOSOPHE, IL PORTE SUR LE MONDE DES VARIÉTÉS UN REGARD SOUVENT CONSTERNÉ.

À qui comparer Pascal Comelade ?

À MOONDOG ?
À ERIK SATIE ?
À GEORGES MÉLIÈS ?
À PERSONNE SANS DOUTE ?

PIANISTE DE BAL CHAUSSÉ DE SANTIAGS, VENU DE L'AVANT-GARDE PAR GOÛT DE LA MUSIQUE POPULAIRE, IL EST L'INCARNATION D'UN PARADOXE QU'ILLUSTRE SA DOUBLE NATURE DE NOMADE ET DE SÉDENTAIRE.

À LA FOIS UN DES RARES COMPOSITEURS FRANÇAIS À BÉNÉFICIER D'UNE TELLE AURA À L'INTERNATIONAL

ET L'ARTISAN D'UNE MUSIQUE QUI A LE POUVOIR DE PARLER À TOUTES ET TOUS, SI FAMILIÈRE QU'ELLE SEMBLE AVOIR TOUJOURS FAIT PARTIE DE NOTRE JUKE-BOX PERSONNEL.

BIANCA BAGNARELLI
● COUVERTURE

Dessinatrice bolognaise, elle a travaillé, entre autres, pour *The New Yorker* et les éditions *Penguin*. Elle a illustré des textes de Kazuo Ishiguro et de Chimamanda Ngozi Adichie. Son dernier livre, *Animali Domestici*, est paru en Italie chez Coconino Press en 2024.

bianca_bagnarelli

AURORE PETIT
● AU PIED DE LA LETTRE - P. 4

Autrice et illustratrice pour la jeunesse depuis une quinzaine d'années, son travail prend aujourd'hui différentes formes : bandes dessinées, albums, spectacles.

aurore.petit.dessine

CHLOÉ GLAD
▼ ÉCOLOGIE - P. 6

Journaliste indépendante, elle explore les décalages entre science et politique, entre discours et pratiques, à l'écrit comme en vidéo, souvent *in English*, et parfois sous l'eau.

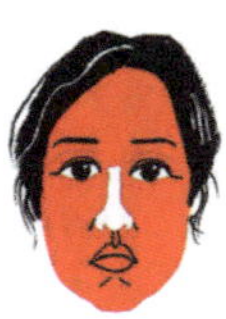

SILKI
▼ ÉCOLOGIE - P. 6

Dessinatrice coréenne, elle écrit sur les discriminations. Sa série Kimchi baguette est publiée sur Mâtin, quel journal ! sur Instagram.

silkidoodle

NÉJIB
◆ CINÉMA - P. 42

Tour à tour éditeur, directeur artistique et auteur de bande dessinée, il a signé *Stupor Mundi* (2016), la trilogie *Swan* (2018-2022) et *Haute Enfance* (2024) aux éditions Gallimard.

bknejib

MATHIEU MARTINIÈRE
◆ DROIT DE SUITE - P. 48

Journaliste installé à Villeurbanne, il est le cofondateur de We Report, un collectif européen spécialisé dans les enquêtes au long cours.

JEAN-CHRISTOPHE MAZURIE
◆ DROIT DE SUITE - P. 48

Commence à écrire et à dessiner des histoires pour la jeunesse tardivement, et des bandes dessinées encore plus tardivement. Son dernier livre, *Chroniques du Château Faible*, est paru chez Fluide Glacial en 2024.

FLORENCE BEAUGÉ
▼ JEAN-MARIE LE PEN - P. 62

Journaliste au *Monde* pendant seize ans. Chargée des pays du Maghreb. Un titre de gloire : expulsée de Tunisie pour ses écrits par Ben Ali, fin 2009, deux ans avant le Printemps arabe. Une passion : le terrain.

AUREL
▼ JEAN-MARIE LE PEN - P. 62

Dessinateur pour *Le Monde*, *Le Canard enchaîné* et *Politis*. Il est aussi auteur de *Clandestino* aux Éditions Glénat (2014) et de *La Menuiserie* chez Futuropolis (2016). Son premier film dessiné, *Josep*, est sorti à l'automne 2020.

_a.u.r.e.l

CHRISTELLE GRANJA
◆ TERRITOIRES - P. 92

Journaliste, elle écrit sur l'art contemporain et sur la ville, pour *Libération*, *L'Architecture d'aujourd'hui* et *Fracas*. Elle réalise et écrit des documentaires pour le cinéma et la télévision.

lesincorrigibles.fr

MANON MUGNIER
◆ TERRITOIRES - P. 92

Autrice de bande dessinée, illustratrice et maquettiste, elle publie entre autres sur Mâtin, quel journal ! avec les éditions Dargaud ainsi que dans *Les Rues de Lyon*.

moinionsaucebbq

FÉRIEL NAOURA
◆ PHOTO - P. 102

Photographe, elle endosse aussi le costume d'iconographe, d'éditrice et de rédactrice. Elle a travaillé pour la revue de photojournalisme *6Mois*.

ÉLISA GÉHIN
◆ PHOTO - P.102
Passée par l'école Estienne et les Arts déco de Strasbourg, elle travaille pour l'édition et la presse jeunesse.

MARINE DUMEURGER
▼ AIDE SOCIALE À L'ENFANCE - P.104
Elle habite en Loire-Atlantique, d'où elle suit l'actualité, notamment pour *Libération*. C'est au cours d'un repas avec l'association Repair 44! qu'elle s'intéresse à la protection de l'enfance, un sujet qu'elle couvre depuis un an, pour différents médias.

LORÈNE GAYDON
▼ AIDE SOCIALE À L'ENFANCE - P.104
Née en 1994, elle est une adepte du dessin d'observation. En 2024, elle publie *Le Regard et le Dessin*, une enquête foisonnante et vivante sur la création, aux éditions Premier parallèle.
lorenegaydon

SIMON CHAPELAIN
◆ SPORT - P.128
Diplômé d'animation 2D à l'école Pivaut, il se tourne rapidement vers l'illustration et la bande dessinée. Installé à Rennes, il partage son temps entre commandes et projets personnels.
simonchapelain

FERIEL ALOUTI
▼ ARMÉE - P.136
Journaliste et autrice depuis dix ans, elle a travaillé à Beyrouth, à Paris et à Marseille pour *Le Monde*, Mediapart ou *Le Nouvel Obs*. Elle écrit aussi des documentaires. Dans ses récits, elle retrace des parcours cabossés, souvent exemplaires.

CHAVANT
▼ ARMÉE - P.136
Lyonnais monté à Paris pour ses études, il a d'abord été directeur artistique dans la publicité avant d'être, depuis 2005, auteur de bande dessinée et illustrateur.

JAMES
◆ LANGAGE - P.158
Âge : trop. Poids : secret. Yeux : presbytie. Cheveux : de plus en plus épars. Arrivé sur le tard à la bande dessinée, il publie beaucoup depuis pour compenser.

CLÉMENTINE MÉTÉNIER
▼ PRÉCARITÉ ALIMENTAIRE - P.164
Journaliste indépendante, plume et micro, spécialisée précarité, montagne et continent africain. Elle travaille pour RFI, la RTS, et *Le Monde diplomatique*.
clementinemetenier.wordpress.com

BENJAMIN SÈZE
▼ PRÉCARITÉ ALIMENTAIRE - P.164
Journaliste, il travaille sur les questions sociales pour les publications et le podcast Parcours du Secours Catholique. Il contribue régulièrement à la revue *Études*. Son livre-enquête *Quand bien manger devient un luxe. En finir avec la précarité alimentaire* est paru en avril 2023 aux éditions de l'Atelier.

CLARA LODEWICK
▼ PRÉCARITÉ ALIMENTAIRE - P.164
Née à Bruxelles, elle s'intéresse à la vie des gens, aux inégalités auxquelles ils et elles font face, et à leur lien à la nature. *Merel* (2022) et *Moheeb sur le parking* (2025) sont publiés chez Dupuis.

ARNAUD LE GOUËFFLEC
◆ MUSIQUE - P.196
Il écrit romans, chansons et scénarios de bande dessinée. Son dernier album, *Vous n'aurez pas les enfants*, dessiné par Olivier Balez, est sorti chez Glénat en mars 2025.

NICOLAS MOOG
◆ MUSIQUE - P.196
Auteur de bande dessinée, son dernier livre, *True Stories of Nic & Matt*, réalisé avec Matthias Lehmann, est paru en 2024 aux éditions 6 Pieds sous terre.

DESSINS : HERVÉ BOURHIS - MANON MUGNIER

numéro 48

JUIN • JUILLET • AOÛT 2025

Date de parution
4 juin 2025

Directeur de la publication
Sylvain Ricard

Rédaction en chef
Baptiste Bouthier
Alexia Eychenne

Direction artistique
Cat Gabillon

Conception graphique
Elhadi Yazi

Maquette graphique
Valentine Dossat

Édition
Fériel Naoura

Correction
Anne-Sophie Arnould
Isabelle Bryskier
Nicolas Fresneau

Communication
Margot Bridard
Pierre-Lou Quillard

Coordination commerciale
Marie Le Flahec

Marketing
Anaïs Benguigui

Secrétaire général
Jean-Philippe Salmon

Administration
Murielle Canta

Ont collaboré à ce numéro :
Aurore Petit (Au pied de la lettre), Hervé Bourhis, Manon Mugnier (Auteurs • Autrices)

Abonnements :
abo@larevuedessinee.fr
La Revue Dessinée est éditée par LRD SAS, SAS au capital de 4668 €

Rédaction :
157, boulevard Macdonald, 75019 Paris
contact@larevuedessinee.fr

Fondateurs :
Franck Bourgeron, Sylvain Ricard et David Servenay

Impression et façonnage: Pollina, zone industrielle de Chasnais, 85407 Luçon Cedex
Fabrication: France Moline, Geoffrey Hallé et Adrien Sinzot
Diffusion: Flammarion
Distribution: Union Distribution
Commission paritaire: 0924 D 91934
Code commande: 97EBBN001015.N001
ISSN: 2269-2606
ISBN: 978-23-82640-28-9
Dépôt légal: juin 2025

PEFC 10-31-2065
Papier intérieur : Pologne 100 % PEFC
Papier couverture : Espagne 83 % PEFC
Taux de fibres recyclées : 0 % - Impact sur l'eau : papier intérieur 0,02 kg/tonne, papier couverture 0,04 kg/tonne

LA REVUE DESSINÉE CONTIENT UN ENCART ABONNEMENT ET UN EX-LIBRIS (ABONNÉS).

L'UPPERCUT DE THIBAUT SOULCIÉ

Suivez notre actualité et ne manquez aucun dessin de la rédaction en vous abonnant à notre newsletter hebdomadaire.